樂律

高寒 著

《木偶奇遇記》解析
錯誤教育觀念釐清
核心特質塑造

童青少年心理學

心智與性格

改變父母的死板認知，請勿急著讓孩子變成「理想的樣子」！

你是不是也急著把孩子裝進你認為的「理想小孩模型」中，認為這是「為他著想」的「正確教育」？

內向焦慮、外向強迫、強勢父母、情緒膨脹、性格標籤化

父母一不小心就會踏入的「錯誤養育」迷思！
父母不會因為成為了父母，就一下子變得無比強大；
所以你也不該期望孩子照著你的意願成長！

目 錄

前言

第一章　認知性格：性格是天生的嗎

014　　第一節　什麼是性格

019　　第二節　性格的變動性

023　　第三節　什麼是所謂的好性格

027　　第四節　壞性格也有價值

030　　第五節　性格的互動：孩子塑造父母的態度，父母塑造孩子的性格

034　　第六節　性格層次性：孩子的「表面性格」和「深層性格」

第二章　性格和心理：互相成就，還是互相妨礙

040　　第一節　性格反映心理

044　　第二節　心理影響性格表現

048　　第三節　性格和心理的相互作用

052　　第四節　性格標籤化對心理的不良暗示

目錄

056　第五節　從心理角度理解孩子獨特的性格
060　第六節　力量從心中來：快樂為什麼是最大的生產力

第三章　內向焦慮：撕下「內向」的標籤

064　第一節　內向是一種貶義嗎
068　第二節　什麼是一般意義上的內向
072　第三節　內向的真假之分
076　第四節　內向孩子的情緒問題
080　第五節　人為製造的「內向焦慮」
084　第六節　內向視角：你看不到一個精彩的孩子

第四章　外向：一種更受歡迎的性格特質

090　第一節　外向是一種褒義嗎
094　第二節　外向的魅力：情緒感染力
098　第三節　外向的孩子更容易應對挫折
102　第四節　外向的孩子內心更有安全感
106　第五節　外向的優質與劣質
110　第六節　強行外向：為了外向而外向的心理

第五章　既內向又外向：孩子普遍的性格特質

- 116　第一節　孩子性格的求同性
- 120　第二節　影響外向感的因素
- 125　第三節　影響內向感的因素
- 129　第四節　內向還是外向，
part 部分由環境匹配度決定
- 134　第五節　內向還是外向，部分由自我感覺決定
- 138　第六節　刻板的性格概念
對孩子性格發展的限制

第六章　正面的性格

- 144　第一節　什麼是正面的性格
- 148　第二節　心願與掙扎：一個真實的孩子
- 152　第三節　善良：一種持續的修正力
- 157　第四節　慷慨：不自私的回報
- 161　第五節　勇氣：自發的力量
- 165　第六節　自然成長的性格

第七章　孩子常見性格的再認知

- 170　第一節　孩子喜歡欺負別人：一種有意的傷害
- 173　第二節　孩子懶惰：一種失效的個人支配能力
- 177　第三節　孩子自由散漫：自我紀律上的鬆弛
- 181　第四節　孩子任性：一種情緒膨脹的表現
- 185　第五節　孩子玻璃心：一種無意的自私
- 189　第六節　孩子固執：源自看不見的內心恐懼

第八章　聽話的孩子和不聽話的孩子

- 194　第一節　說孩子是否聽話的潛在意思
- 197　第二節　聽話的孩子擁有的性格特質
- 201　第三節　不聽話的孩子擁有的性格特質
- 206　第四節　孩子聽話與否背後的心理因素
- 211　第五節　好漢不吃眼前虧：表面聽話，心裡不聽話
- 215　第六節　鴨子煮熟了嘴還硬：心裡聽話，表面不聽話

第九章　辨識孩子的性格假面具

- 220　第一節　喬裝自己：戴上性格假面具
- 225　第二節　強迫的外向：外向而孤獨
- 229　第三節　效仿的積極：內心更加窒息
- 233　第四節　假裝的陽光：鬱悶被壓抑
- 237　第五節　浮誇的自信：在自卑與自負之間掙扎
- 241　第六節　隱藏真性格對心理的潛在危害

第十章　怎麼和孩子的「問題」性格相處

- 248　第一節　一個有「性格問題」的孩子
- 252　第二節　尊重：最貼心的安全感
- 256　第三節　被喜愛的孩子更有自信
- 260　第四節　強勢的父母與不服管教的孩子
- 264　第五節　紀律的魅力
- 268　第六節　正向的關注：成為最好的自己

目錄

前言

　　為人父母，也許最擔心和最沮喪的事莫過於在未來的某一天，自己費盡心血培養大的孩子對自己說：你知道你對我造成了多少心理陰影嗎？當孩子細數著你對他的傷害時，你除了感到懊悔還能怎樣呢？若你蹚過時間的長河，回到過去，從頭再來，那時候的你也許知道該怎麼對待他，該怎麼幫助他養成更好的性格、更健康的心理。但是時間對誰都不回頭，從孩子已經逐漸定型的性格行為中，你無奈地看到了自己犯下的錯誤，還有曾經執著堅持的錯誤養育方式。

　　就像電視上一位媽媽和已經成年的女兒的對話。媽媽說：我很抱歉，在你小時候忽視你、打罵你、傷害你。但是，你知道媽媽過得很不容易。女兒說：我知道媽媽過得很不容易，就是因為知道，所以我一直很心疼你。但是，我沒有辦法忘記你說過的話和你對我的傷害。媽媽點了點頭無奈而追悔地說：我盡力了。「我盡力了。」這句話讓人印象深刻，因為它道盡了為人父母者對孩子的深沉的愛；同時，也是對自己在養育孩子過程中，因為缺乏經驗和力量，而對不可避免犯下的錯誤的深感無奈。

　　在生活中，有時我們也會發自內心地說，要是再給我一

前言

個孩子，我再也不會像對待第一個孩子那樣，所有我曾在第一個孩子身上的錯誤做法，我都要糾正過來。不管是因為自己的焦慮、過分的嚴格、刻板的教育觀念，還是身為父母的權威心理、輕視心理，父母總是過於隨意地對待孩子的喜、怒、哀、樂。一切不可回頭的錯誤的核心，似乎都在於父母不知道或覺得沒必要去了解自己的孩子，不知道他是怎樣一個有著獨特個性的且獨一無二的孩子，而是忙著讓他變成我們心中理想的樣子。

這是養育邏輯本末倒置——不是先了解自己的孩子是什麼樣的性格，既包括我們熟悉的、理解的、接受的，也包括他獨有的、我們不了解的，甚至需要時間接受的性格，而是急於把他裝進一個我們事先準備好的理想小孩模型中。在理想小孩的塑造過程中，我們容易忽視他心裡的感受，甚至他的心理發生了扭曲，我們都不知道，因為我們已經不能對他的情緒做出正確的反應和解讀。他的痛苦可能會被理解為矯情；他正常的膽怯退縮，可能得不到應有的尊重和成長空間；他的恐懼也許得到的不是撫慰而是訓斥。多年以後，我們驚訝於精心培養的孩子，為什麼有了性格障礙和心理問題，卻不知道到底是在什麼時候、在哪一個環節上出了問題。

在本書中，對於兒童的性格和心理以及這些性格心理中可能蘊藏的潛力和危機，都結合當下常見的問題做出了盡可能細緻的探討。對正走在培養孩子道路上的父母來說，怎樣

才算是真的了解自己的孩子，怎樣才能在有益的對照中協調自己培育的步伐，怎樣才能知道自己是不是正陷入教育的刻板觀念中，怎樣才能避免在多年後聽到孩子抱怨，怎樣才能真正地發揮孩子的性格優勢，讓他成為一個自信、充滿自我價值感的人，本書都著力提供了思考的角度，雖然能力所限，仍真誠地期待給更多人帶來更全面的認知。

孩子的成長是充滿無限可能的，我們對他們的了解也應是開放和不設限的。本書只是意在讓我們試著睜開眼睛，真正學會了解和接受我們的孩子，寫作的過程，也是思考和再認知的過程，期望能和更多的家長共同探討，共同進步。

最後，特別感謝在本書寫作中給予支持和鼓勵的老師！

前言

第一章
認知性格：
性格是天生的嗎

第一章　認知性格：性格是天生的嗎

● 第一節　什麼是性格

　　人們常說，一個人的性格決定他的命運。那麼什麼是性格呢？性格為什麼會有這麼大的威力，能對命運產生重要影響呢？

　　當教師說「書山有路勤為徑，學海無涯苦作舟」時，一些孩子聽了頓時覺得人生灰暗，苦惱於辛苦的付出；而另一些孩子聽了卻是按捺不住的激情，興奮於預見的成功。毫無疑問，這兩類孩子有著不同的性格，在生活中也會有迥然不同的表現。

　　有一種對性格的定義是這樣的：性格是一個人在對現實的穩定態度和習慣化的行為方式中表現出來的人格特徵。

　　在這個定義中的關鍵詞是態度和行為方式。

　　性格的靜態結構可以分為態度特徵、意志特徵、情緒特徵和理智特徵四部分。而態度特徵是性格的核心。

　　觀察上面兩類性格的孩子，也許第一感覺是，一個懶惰，一個勤奮。但如果從性格結構的特徵分析就會發現，懶惰和勤奮——僅僅是一種性格特質的分歧，但會導致在很多方面產生差距。

　　態度特徵：性格的態度特徵是指一個人如何處理社會各

第一節 什麼是性格

方面的關係,即對社會、對集體、對工作、對勞動、對他人以及對自己的態度的性格特質。

毫無疑問,在對待念書和吃苦這兩件事上,兩類孩子的態度有著天壤之別。一個是消極被迫,巴不得逃避的;另一個是積極主動,恨不得迎戰的。先不說懶惰的孩子,是因為性格懶散才態度消極的,還是因為態度消極才又嬌氣又懶惰的;也不說勤奮的孩子,是因為恰好學習能力強、喜歡念書才態度積極的,還是態度積極才勤奮念書的。單是從態度性質的區別上,就可以看到由這種不同的態度表現會導致不同的命運路徑。

比如,由懶散發展出的逃避態度和由勤奮發展出的主動態度,會在個體的人生道路上產生更多、更複雜的不同的心態、情緒和人生成果。

意志特徵:性格的意志特徵是指一個人對自己的行為自覺地進行調節的特徵,其可以從意志品格的四個方面,即意志的自覺性、果斷性、堅韌性和自制性上來考查。

從意志的方面考查,我們會發現懶散孩子在意志上可能更薄弱。他不只是因為教師諄諄教誨學生要勤奮和吃苦,而深感愁苦。如果走進他的生活,你會發現他可能在廁所補過昨天的作業;每次都要在快睡覺之前才寫作業;做事拖拖拉拉,缺乏掌控性;不守時,散散漫漫,經常不是忘了帶這個就是忘了帶那個;也有一顆上進心,一次次暗下決心好好

念書，但是玩耍的誘惑太大了。又因為缺乏念書的堅韌性，所以懶散孩子的念書越發顯得艱苦。而同時，和艱苦對比，「玩」的誘惑力更大了。因此，他很容易表現出自制力差的性格特質。

聽到教師的激勵感到很振奮的孩子，你從他的勤奮中也會發現一些意志上的優點。他會抓緊一切時間先完成作業；做事有重點；他可以一遍一遍地練習講一個故事，直到符合自己的要求；他很少三分鐘熱度，對玩耍的誘惑有較持久的自制力。

情緒特徵： 性格的情緒特徵是指一個人的情緒對他的活動的影響，以及他對自己情緒的控制能力。

當我們說一個孩子，或者暴躁易怒，或者喜怒無常，或者無精打采，或者悶悶不樂，或者歡快活潑，我們往往無意識中是指性格的情緒特徵。包括我們經常掛在嘴上的——性格內向還是外向，在一定程度上也帶有情緒特徵。

說到情緒，雖然很多時候以負面的含義出現，但事實上，當我們談論一個人的性格，尤其是社交背景下的性格，我們也許更多的是指他性格情緒特徵中的情緒能力。

人們希望兒童能獲得情緒能力。這個概念是用來指兒童處理自己的情緒、理解和應對他人情緒的能力。

也許，在很多時候能夠打破交往壁壘的，恰恰不是性格

第一節　什麼是性格

優勢,而是性格中的情緒交流能力。

理智特徵：性格的理智特徵是指一個人在認知活動中的性格特質。

有些孩子,我們說他很有主見,事事有自己的思想和主意；有些孩子很頑固,抱定了一個觀念就怎麼也不肯放手,哪怕再多相反的證據擺在面前他也視而不見。而觀察在一起玩遊戲的孩子會發現,有些表現出對現實環境、規則的唯一關注和深刻領會；有些則會對更靈性的事物投入興趣,對現實的認知顯得比較遲鈍。

所以,當我們談論一個孩子是有主見,還是沒主見；是頑固不化,還是通情達理；是更機靈,還是更單純,我們其實在談論他性格中的理智特徵：他在認知事物時,是傾向於尊重現實,獨立思考,還是隨大流；是固守自我,還是接受事實；是只關注有用的,還是對無用而有趣的東西也保持關注。

性格之所以被重視,也許就是因為它看似簡單的表象之外,有更深刻的心理背景。性格包括多方面的品格因素,各種特質之間的相互關聯和相互影響,會產生向著正面或負面方向發展的性格趨向、情緒感受、認知態度。而這一切往往直接導致不同的行為方式。

在我們強調性格的重要性時,我們其實強調了一個人在

態度上、意志上、情緒上、理智上的諸多特質。而這些特質，相當程度上會決定一個人的行為方式和其帶來的不同後果。一個孩子逐漸成形的態度模式和習慣化的行為模式，從某種方式上說，不就是一幅畫好了的命運圖卷嗎？

● 第二節　性格的變動性

　　在《安徒生童話》裡，有一個並不太有名的故事〈踩麵包的女孩〉。乍看起來這好像是教育小孩要知道珍惜、不驕傲、不虛榮、不任性，否則就要受到嚴厲的教訓。但從另一個側面，我們也可以看到，一個人，一個孩子，他的性格是如何發生變化的。

　　起初，小女孩英格爾是個無知、單純，甚至有些殘忍的小孩，就像很多小孩在小時候做過的，她會拽下蒼蠅的翅膀，或者把大甲蟲和金龜子紮在大頭針上取樂；她看到母親衣衫襤褸，第一感覺是感到羞恥；她並不珍惜得之不易的大麵包，因為怕弄髒自己的新鞋子，她毫不猶豫地把麵包扔到汙泥裡，當作墊腳石。

　　作為懲罰，她沉到了黑泥坑裡，身體動彈不得。她在自己的痛苦中，先後體驗了蒼蠅的痛苦、意識到母親的可憐、認知到自己的錯誤，並真心為自己的所作所為感到懺悔。

　　還是這一個小女孩，在變成小鳥之後，卻萌生出分享之心。她把自己辛辛苦苦找到的麥粒和麵包屑，慷慨地分給其他飢餓的小鳥吃。

　　這種分享之心和她從前的殘忍自私相比，最核心的變化

第一章　認知性格：性格是天生的嗎

就是她走出了狹小的自我，能夠看到別人了，能夠看到別人的痛苦了，也能夠看到更廣闊的事物了，而不僅僅是只看到自己。

我們在生活中也可以看到相似的例子。一個小時候曾傷害過小動物的小孩，長大了也許會發展出一種特別柔軟的性格，你會發現他更有同理心，更容易感受別人的痛苦，善良得出奇。

這是怎麼回事呢？

性格的靜態結構的幾個方面並不是相互分離的，而是彼此關聯、相互制約，有機地組成一個整體。

不難看出，隨著年齡和體驗的增長，一個孩子認知的改變會影響到他性格中的態度特徵。他也許有了痛苦的體驗所以開始思考痛苦，能對別的人、別的痛苦感同身受；他也許透過學習，知道應該尊重所有的生命，所以不再從無知中尋求快樂。

性格中各個特徵之間的相互影響，相互塑造，形成了性格的動態特點。

我們有時會驚訝地發現，小孩長大了之後，性格似乎變了。比如，同樣是好爭辯的小孩，一個長大了以後發展了爭辯的負面特點，成了一個喜歡抬槓的人，附帶著有點憤世嫉俗的情緒特徵和狹窄固執的理智特徵；而另一個小孩長大後

第二節　性格的變動性

卻變得理性平和了許多。但如果追根溯源，你依然能夠看到他身上「好爭辯」的特點，只是這種爭辯的特點朝著更有建設性的方向發展了。在這個長大了的小孩身上，在他的理性、更強的辨別力、更有意識的情緒平衡、更開放的認知態度上，我們仍能感受到「好爭辯」這一性格特點對他的發展影響，但現在幾乎看不出來，是因為他的需求獲得已經不是以爭辯的方式，而或許是以努力工作的方式。

在這兩個好爭辯的小孩身上，是什麼讓他們具備的共同性格特點在成年後有了迥異的表現。他們也許生活環境不同、人生經歷不同，但如果聚焦到他們的性格上，他們的性格在關鍵點上可能存在很大的差異。

在態度上，理性平和者也許比好抬槓者更有上進心；在意志上，前者更有自制力；在理智上，前者對待生活更誠實、更客觀。這些性格特質作用於他「好爭辯」的特點決定了這一性格特點，會以較正面的方式發展。

相比發展了「爭辯」負面特質的孩子，他還具備一個優點，那就是他更新了他表達性格的方式。這個表達，不僅是指口頭表達，還是指一個人表達性格本質的方式。也就是性格以什麼樣的形式表現。如果一個孩子表達性格的方式沒有隨著年齡而更新，這種不合時宜的表達方式就容易為自己帶來挫折感。

第一章　認知性格：性格是天生的嗎

　　反過來，從一個人沒有得到很好發展的性格表達方式，可以推知他的性格在態度、意志、情緒、理智各方面可能存在的深層特徵。他可能始終沒有發展好自制力，從來不想透過讓他人接受的方式獲得認可。他的其他性格特質沒有對他「好爭辯」的性格特點提供更好的加乘效果。

第三節　什麼是所謂的好性格

● 第三節　什麼是所謂的好性格

　　我們在平常談到孩子的時候，有時候會說這真是個好孩子。有時候又會評價另一個小孩說，這個孩子有個好性格。事實上，我們有可能在無意識中，已經感覺到「好孩子」和「好性格」是兩回事。

　　一個好孩子不一定有我們認為的好性格。

　　大文豪馬克吐溫塑造的著名兒童形象湯姆索亞，是一個不聽話的孩子，他的性格不是通俗意義上的好性格。但是當他的老姨母誤以為他死了的時候，她哭著說，湯姆雖然又淘氣又不懂事，但他是天底下心腸最好的孩子。雖然他又打架又蹺課，又偷老姨母的果醬吃，又不愛講衛生，但湯姆無疑是個好孩子。衡量他是不是一個好孩子，重點在於他的意圖。就像老姨母說的，他從沒有過什麼壞心眼。

　　一個好性格的要求和衡量標準，雖然很少被賦予明確的說明，但事實上可能複雜得多。

　　如果說好孩子的好，重點在於他的心地、意圖，呈現得更多的是一種自然狀態，那麼好性格要求更多的是可操作性。它的交流性、適應性、理智性、良好的情緒、有活力，在大人的直覺裡，說一個孩子性格好時，已經模糊地包含了

第一章　認知性格：性格是天生的嗎

在這一些方面的判斷標準。

交流性：有些孩子一下子就能帶給我們很好的情緒感受。比如，他很善於表達，既能把自己的想法——怎樣做和為什麼這樣做表達得很清楚，能讓人充分領會他的意圖而不至於因為誤解而憤怒，又善於領會別人的意思；他情緒飽滿愉快，並善於把這種好情緒分享和感染他人。在這種時候，我們往往傾向於立刻認為這類孩子有個好性格。

它背後的含義是，在人際互動上有較好的能力；有較好的人際互動能力就有可能為較好的社會化打好基礎；做到了較好的社會化，就會較少擔心他出現情緒問題。

適應性：對很多家長來說，孩子能不能融入環境，能不能對環境既不過分地退縮排斥，又不會有抗拒心和攻擊性，是非常重要的。它關係到孩子會不會讓自己過分操心、會不會給自己找太多麻煩，還有孩子會不會健康快樂地發展。

「適應性」聽起來是個很簡單的詞，但操作起來並不簡單。所以，家長容易用簡單粗暴的方式去要求孩子，又因為潛意識的簡單，在孩子達不到要求的時候生氣發火。實際上，適應性對應的是環境的要求和標準。

什麼是環境的要求和標準？就是環境對態度、行為方式、情緒的強度和表達、人際交流的方式、做事的能力，自有一套相應的要求和標準。

第三節　什麼是所謂的好性格

能領會、學習和適應環境的要求，減少和環境的摩擦，在環境中沒有明顯不適感的孩子，也就容易給大人一種性格好的感覺。

理智性：說到底，好性格也許強調的就是和外部的連結意願與連結能力。連結意願強的孩子，可能表現得更活潑，情緒感染能力更強。同時，可能也表現出對環境更強的關注能力和觀察思考能力。

這其中就表現出性格的理智特徵，即讓人覺得這個孩子性格好，是因為他能聽進去道理，好溝通；他展現出很重要的理解能力，能理解人和環境之間的相互關係，知道怎麼做和為什麼。比如，知道回家晚了媽媽會擔心，所以理解媽媽對自己晚回家就要打電話的要求。在這種通情達理的背後，讓人感覺這一性格特點很好，是因為理智也會適度地決定性格的柔軟性。

良好的情緒：好性格通常給人的第一印象是，擁有這種性格的孩子，自身就是很愉悅的。他不容易生氣，不容易鑽牛角尖，更少有對抗性的負面情緒。在他的良好情緒中有一種不可忽視的正面的東西，那就是對環境的接受度高。對待周圍的環境、環境提出的要求、和性格各異的小朋友相處，他都以同樣愉悅的態度來接受。

他愉悅的情緒似乎使他很少對環境提要求，比如，他不

必在意哪些人他喜歡而哪些人他不喜歡；他不用預先期待什麼樣的環境和害怕討厭什麼樣的環境；他不必界定想做什麼或不想做什麼。這讓他的性格在和環境的相處過程中，很少有不情願的情形，很少表現出畏難情緒和衝突，而更多的是配合。

● 第四節　壞性格也有價值

　　我們在生活中需要引起警覺的是,不要把所謂的好性格和壞性格看得太絕對。因人而異才是比較聰明的選擇。定義性格是好是壞,有時要看它所處的情境——好性格,只是我們在這種情境中,更需要強調的性格特質。這不意味著「壞性格」本身就沒有價值。

　　這裡談到的所謂「壞性格」,並不含有道德意義,而是那些和好性格的特徵相對的性格特質。

　　有的孩子性格執拗,難以溝通,對別人來說很簡單、很好理解的事,到了他那裡怎麼都說不通。此時,往往人們只會看到他毫無道理的固執己見。但是拋開執拗這個特點,關於它的附帶性格屬性應該受到關注,因為執拗的孩子會更有堅定的、能吃苦的、有毅力的、不服輸的意志優勢。敏感的孩子既是膽怯的、對小挫折更容易有強烈的情緒反應,同時,他對待事物更敏銳、更會看人臉色,情緒和情感也更豐富;或者一個不太合群的孩子,也許他也有主見、有個性的一面。

　　「壞性格」本身的價值:「好性格」「壞性格」也許在不同的方面具有同樣重要的價值。動作慢,通常不被認為是一種

第一章　認知性格：性格是天生的嗎

值得誇獎的好特質，有時還會被調侃。也就是說，在講求效率的情境中，這很可能是個性格缺陷。但是換一種情境，如果強調的是細緻、耐心，那「慢」具有的優勢——認真、慢工出細活，就突顯出來了。

那麼比較需要擔心的是，在不得不要求速度的時候，一個小孩為了改掉自己寫字慢的毛病，連帶著把本來寫得認真漂亮的字也寫壞了。那麼可能會出現的問題就是他再怎麼努力也只是僅僅能跟上班級大部分人的書寫速度而已；但付出的代價是他再無其他優勢，不僅書寫速度慢，字也寫得潦草。因此不管是從書寫速度的角度，還是從書寫效果的角度，他都沒有任何出彩的地方了。

也就是說，動作慢，作為一種自身具備價值的性格特質，它有價值的一面沒有得到應有的發展。雖然在很多時候，在時間限制下，「動作慢」是不得不進行訓練和改善的一種性格特質，但是從父母作為孩子的私人指導的角度考慮，完全把「動作慢」看成沒有一點價值的性格缺點是不明智的。在可以掌控的教育領域，怎麼把孩子性格中有價值的東西挖掘出來，比單純的以用「好性格」的框架生硬地塑造孩子也許來得更有成果。

「壞性格」的動力優勢：除了自身可能具備的價值，所謂「壞性格」還有一項優勢就是性格和環境之間的衝突，會帶來思考更新、性格提升，並由此產生更深刻的個人成長。

第四節　壞性格也有價值

毫無疑問，對「好性格」的定義而言，「好性格」和環境的相處，一般來說要比「壞性格」來得容易和融洽。不論是從人際相處上，從個人的情緒上，還是從對環境要求的適應性上，「壞性格」的孩子遇到的困難、不順遂和與環境產生的矛盾，可能都要比「好性格」的孩子多，也因此可能體驗更多的不良情緒。

但就是在這樣的衝突中，對部分孩子來說，成長的動力產生了。絕對對立的事物之間才能產生能力的流動，完全同質的事物之間是產生不了的。他要在這種性格的不適中，不斷地探知自我，也不斷地探知世界。他不得不調整自己性格中的某些部分，來適應外界的要求。在這個調整的過程中，他不得不付出額外的努力。而這種額外的努力，會帶來新的體驗、新的洞察、新的收穫。

因此，在性格和環境要求的對立矛盾中，那些所謂的「壞性格」，也許需要一個人終其一生，不斷地付出額外的努力，不斷地完善、昇華這種性格特質中正面和負面的價值，來協調性格和環境的關係，而這反而有可能成為其持續一生的成長動力。

第五節　性格的互動：孩子塑造父母的態度，父母塑造孩子的性格

在家庭教育中，似乎存在一種不成文的觀點，那就是父母和孩子的關係是單向的。由相對強勢權威的父母來主導對孩子的教育和性格養成。而孩子本身對這種教育的好壞、性格的養成，似乎是置身事外的，這一切都和他沒關係，他只是一個被動的接受者。

如果一個家庭中，有兩個或兩個以上的孩子，而這些孩子在長大成人後顯示出某些方面相反的性格，在社會上取得有差距的成績，那麼人們多半會認為，除了他們天生性格不同，就家庭教育的性格養成上，他們的父母對他們的態度是不同的。

態度為什麼不同呢？也許有父母偏心的成分，總有哪一個孩子更討父母喜歡一些。但這種偏心，也不全是一種不公平的故意。父母不一定是故意對這個孩子態度更和藹，笑得更多，不自覺地表現出更多的喜愛和讚賞。它很可能是一種自然的回應，是和不同的性格打交道而引起的不同感受。

同一個媽媽，在一個孩子這裡可能三句話說不完，就暴躁起來，看起來脾氣壞，沒耐心；但和另一個孩子在一起時，

第六節　性格層次性：孩子的「表面性格」和「深層性格」

的孩子。但是，他念起書來，卻一點也不含糊，他會飛速地抓緊一切時間，高效地完成作業。

還有的孩子，就像家長經常抱怨的，在家裡多髒多亂，怎麼動之以情曉之以理，他也不會動動指頭收拾房間的。但在學校裡，書桌整整齊齊，衛生習慣良好。那麼，這個孩子到底是愛乾淨還是不愛乾淨？

心理學家奧爾波特把最能說明個體人格的幾個特質叫做核心特質。

當我們想了解某個人時，先確定他的核心特質，然後確定他在每種特質標準上處在什麼水準。雖然不同的人核心特質數量不同，但奧爾波特認為，有時一個單一特質可以決定一個人的人格。這些為數不多的人可以用一種首要特質來描述。

如果一個孩子又大膽又害羞、又悲觀又樂觀、又勇敢又膽怯，有時很懶惰、有時很勤快、有些事急躁、有些事拖延，那也許找到他的核心特質就能更加了解他，或者可以說深層性格。

一個孩子在小時候有些性格特質表現得比較鮮明，也許只是因為，他表達這些性格特質的方式適合他當時的年齡、當時的環境和當時所接觸的人。所以，他可以輕易地把這種特質表現出來。比如，他在玩遊戲時是大膽活潑的，但是，

第一章　認知性格：性格是天生的嗎

第二章
性格和心理：
互相成就，還是互相妨礙

第二章　性格和心理：互相成就，還是互相妨礙

● 第一節　性格反映心理

　　從表面看一個孩子的性格，有時感到很簡單，似乎要他改變一些性格上的缺點是件很容易的事。比如，告訴他上課要注意力集中，不要做小動作，不要和同學說話，不要動不動就被無關的事情分散注意力。似乎他只要把這些話聽進去了，他愛分心的毛病就能改掉。

　　有研究說：「注意力分散的人更容易向誘惑屈服。」也就是說，一個孩子自制力差，不見得是因為那些吸引他分心的東西多有意思，或他有多喜歡玩桌子上的文具盒、多喜歡看窗臺上偶爾落下的一隻麻雀，而有可能是他太不喜歡上課了，要他把注意力集中在上課上太難了。

　　我們總覺得誘惑和麻煩來自外部世界，比如，危險的甜甜圈、罪惡的香菸、充滿誘惑的網路。但自制力告訴我們，問題出在我們自己身上，是我們的思想、慾望、情緒和衝動出了問題。

　　對一個孩子來說，性格中自制力差的特點，可能不僅僅表現為上課注意力不集中，還可能寫作業拖沓，愛睡懶覺，比別的孩子更迷戀遊戲不能自拔。那麼，他的思想、慾望、情緒和衝動到底出了什麼問題。或者更確切地說，他的內在

第一節　性格反映心理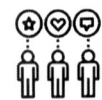

是一種什麼樣的狀況。

分析一個孩子某種性格背後的心理，大概要包括兩個部分，一是這是一種什麼心理；二是為什麼會有這種心理，這反映了他具有什麼樣的心理面貌。這種心理面貌，往往是某種心理賴以存在的廣闊背景。

兒童的所有活動都是他整體生活和人格的外顯，不了解行為中隱含的生活背景就無法理解他所做的事，我們把這種現象稱為人格的同一性。

當我們看到孩子做事總是拖拖拉拉，一會兒找一個藉口要喝水，要上廁所，就是不肯老老實實地把事情完成。那麼，我們可以很輕易地看出他性格拖延背後的心理根源，他做事沒動力，不在狀態，都反映出了他不情願、抗拒、畏難的心理。這時，我們也許又會掉轉矛頭，從攻擊他的性格，改為攻擊他這種顯而易見的心理狀態。

就像我們恨鐵不成鋼的時候所氣憤的，怎麼就不能快一點呢？怎麼就不能勤快一點呢？怎麼就不能勇敢一點呢？因為我們把他的性格、把他的某種心理狀態都看作一個獨立存在的點，所以，會誤認為是簡單的、好糾正的。

但從表面上看到的孩子的拖延性格入手，我們可能會發現他性格背後抗拒、畏難的心理。而如果我們更深入探究會發現，在他抗拒、畏難的心理深處，有著他整個這種性格特

第二章 性格和心理：互相成就，還是互相妨礙

質、心理特質賴以存在的更廣泛的心理土壤。

那這種不情願、抗拒、畏難的心理為什麼會出現呢？透過它們指向的對象，比如，念書、洗襪子、刷盤子，可以看到他所畏懼的可能都是需要付出艱苦勞動的東西，或者可以說他畏懼艱苦的勞動。那麼這種對艱苦的畏懼，可能不是作為一個特點單一存在的，而是多項心理特質的綜合呈現。

心理學大師弗洛姆在談到由憤怒、殘忍、破壞激情引起興奮要比愛、創造性、積極興趣引起興奮容易得多時說：「這種興奮不需要人努力，用不著忍耐與遵守紀律，用不著學習、專注、忍受挫折，用不著練習批判性的思考，也用不著克服自己的自戀與貪婪。」

可以說，讓一個人停止透過殺死一隻蟲子取樂改為從更健康的興趣中尋求快樂，這在我們的一般想法中似乎只是一個觀點的問題，一個他樂不樂意做出簡單改變的問題。但事實上，從殘忍中取樂和從書籍中體驗唇齒生香的趣味，它們之間的差別，反映在心理層面，是諸多心理素養的綜合差別。是弗洛姆說的學習、專注、忍受挫折、練習思考、自我克制，這種種的心理素養上的差別，是一種整體的心理面貌的差別。

一個在某些方面表現出拖延性格的孩子，也許我們不應該把要求他即刻做出改變的壓力全都推給他。他可能無力做

第一節　性格反映心理

到，這種無力不只是出於我們可能觀察到的畏懼心理、抗拒心理，還有我們很難觀察到的他整體心理面貌的某種脆弱。

他可能在意志力方面、在耐心方面、在需要付出認真努力方面、在耐受枯燥方面、在某些需要自制力方面都存在不同程度的脆弱無力感。就像我們只看到一個孩子性格輕率，行事魯莽這一個性格特質，但是在這背後可能是焦躁、缺乏耐性、對辛苦敏感等多種心理特質共同作用的結果。因為這些心理特質共同表現在性格的輕率中，所以，人們容易只關注到輕率這一點，而關注不到輕率可能包含的各種心理成分。

如果想改善某種性格特質，比如，培養自制力，也許不光是培養孩子上課集中注意力，按時完成作業，還要培養那些組成自制力的、看不見的多種多樣的心理基礎素養。所謂性格養成，不只是養成一種表面上的性格表現，還包括深層的心理素養。

第二章　性格和心理：互相成就，還是互相妨礙

● 第二節　心理影響性格表現

心理學家阿德勒在談到自卑心理是怎樣驅使孩子追求卓越時，描述了兩種不同的性格表現。一種孩子因為感到自卑，而萌生出過分的雄心，表現出對某一目標的過度努力和關注，同時對其他問題採取迴避態度，承受著緊張和壓力，身心難以健康發展；另一種孩子卻表現為調皮搗蛋，不遵守學校的要求，以一種不需要努力的方式，來博取他們認為的被注目、被重視的優越感。

同樣的一種主導心理，卻讓人有完全不同的表現，雖然它們的出發點和目的都是一樣的，即從自卑出發，追求卓越。然而，有的孩子因此更努力、更堅韌；有的孩子因此更迴避努力和堅韌。表面上看，兩種孩子的性格表現大相逕庭，似乎同樣的自卑心理，帶給了他們截然不同的成長路徑和人生軌跡。但實際上，自卑心理對他們的性格影響來說有一點是相同的，那就是強化了或歪曲了他們性格中的某種特質，使之成為一種占主導地位的性格表現。

強化作用：有一個例子是這樣的，一個小時候因為功課差而經常遭到斥罵的女生，在進入青春期後，幾乎讓所有認識她的人都跌破眼鏡。她從兒童時期那個天天垂著腦袋，自

第二節　心理影響性格表現

卑得抬不起頭、不敢說話的孩子，搖身變成了一個打扮怪異、滿嘴髒話的少女。她整個人散發的一個訊號就是「我不好惹」。隔著一條街，都能感覺到她咄咄逼人的氣勢。你可以說她在追求一種自卑心理補償，或者說她覺醒了在以叛逆的方式追求自尊。但並不是小時候有相似經歷的孩子，進入這個時期以後都有這樣激烈的表現。

有的孩子小時候就膽小，相同的經歷反而有可能強化了他的膽小。他的膽小變成了難以糾正的真正的畏縮。而這個變得「不好惹」的女生，當她還是個孩子的時候，當她被批評壓得抬不起頭的時候，當她低著頭不得不逆來順受的時候，會在偶然間突然爆發，在那一瞬間的爆發中，別人會看到她有多厲害的性格。這種「不好惹」的性格特質是一直存在於她的性格中的。只是自卑的心理可能強化了她性格中的這一點，扭曲了她的表現方式。

心理對性格表現的影響，還有一點應該予以重視，那就是心理對性格表現的限制。

限制做用：舉個例子說，人們在找伴侶的時候，通常有種模糊的心理，那就是我們無疑會偏向條件好的人選。但事實上也有這樣的人，他會主動降低擇偶標準，這樣做的好處也許是，一來可以省了「爭取」這麼累的事；二來他可以獲得一種性格表現上的自由。對方的好條件有時候會讓人產生自慚形穢的心理、拘束的心理，以至於性格中很多特質難以發揮出來。

第二章　性格和心理：互相成就，還是互相妨礙

● 第三節　性格和心理的相互作用

有人說，在他上學的時候，他的班主任曾經說過一句狠話，讓他過了這麼多年仍然印象深刻。他的班主任說，如果把刀架在脖子上，你們都能考上大學。這句話有意思之處不在於學生是否不管是什麼情況，當真都能考上大學。而是想像一下，當一把刀架在脖子上時，一個人的心理狀態會發生什麼變化，這種變化又會怎樣影響他外在的表現。

心理學家默里認為，一種需要能否被激發，取決於情境，他稱為壓力。例如，在缺乏適當壓力（如一個雜亂的房間）的情況下，你的秩序需要就不會影響你的行為。如果你對秩序有強烈的需求，當你的房間有些亂的時候，你就會動手整理。

比如，一個性格懶散的學生習慣於整天胡思亂想，努力讀書的決心總是維持不了三分鐘，當刀架在脖子上的時候，就算他還不具備勤奮的習慣，至少求生的需求取代了他的閒情逸致，貪玩對他的吸引力被減弱。而同時，他可能對功課的感覺不再像從前那般枯燥。他的厭煩、不情願的心理狀態都可能發生變化。此時，由壓力產生出的需求，壓倒了性格對心理的影響。「需要」直接對心理產生作用，而不是經由

第三節　性格和心理的相互作用

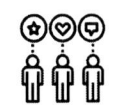

性格引起的一種心理感受。

一個有拖延症的孩子，你讓他穿衣服，但他慢慢騰騰，好像這種簡單的行動都是一件很累的事情，需要積聚很多勇氣才能做到。當他第一時間想到穿衣服，也許他首先會做出的反應就是拖延。而在拖延的過程中，他的心理有充分的時間，充分地去感受一點一滴的壓力。性格越拖延，心理對壓力的感受越延長，越容易更深刻、更充分地體驗壓力。同時心理對壓力體驗得越充分，性格就會越拖延。他也許感覺拽一下袖子都很困難，把衣服領子整理好都會讓他產生極大的不快。

有時人們試圖透過調整自己的性格表現來改善心理感受。比如，有的人可能會透過加快走路的步伐，做事的速度，來增加內心果斷的力量。事實上，也可以說是透過提高行為的速度，減少心理承受壓力的時間。甚至有的人會模仿別人的性格，在模仿別人性格的過程中，模仿他的行為方式，同時也有可能模仿到一種相應的心理感受，體驗到或借鑑到一種自己還不具備的心理素養。

心理學研究顯示，個體在一個時期內把自己當成另外一個人，並按照這個人的態度和行為模式來生活，那麼這個人的態度和行為模式就會最終固定到角色扮演者的身上，使角色扮演者形成新的態度和行為模式，從而最終實現態度轉變。

第二章　性格和心理：互相成就，還是互相妨礙

　　而正面或負面的心理感受反過來又會影響一個人的性格表現。比如，一個孩子在小時候表現出較多怯生害羞的性格傾向，如果環境給了他這一傾向負面的回饋，他因此受到了輕視嘲笑，而這種被輕視嘲笑的心理感受從來沒有得到突破時，隨著年齡的增長，隨著他的自我意識越來越強，那麼除了別人加在他身上的評價壓力，他還有了自己對自己的評價壓力。所有這一切形成了更複雜的心理感受，表現在他的外在性格上就可能不只是有害羞的傾向，還有對外在環境的冷漠。

　　在有些性格表現上，有時能看到一個人長期的心理感受。

　　《紅樓夢》裡面有個神仙姐姐秦可卿，這個幾乎人見人愛的美人，年紀輕輕就重病纏身。書中借他人之口這樣形容她的性格：「雖則見了人有說有笑，會行事兒，她可心細，心又重，不拘聽見個什麼話兒，都要度量個三日五夜才罷，這病就是打這個秉性上頭思慮出來的。」

　　不要小看心理感受的延長，度量個三日五夜，不但會深化某種心理感受，而且會令心理感受複雜化。比如，一開始只是很簡單的一種心理，在心裡翻滾久了就會生出新的旁枝。本來只是有點害羞，想得多了，感受得多了，就可能又有了羞愧感、羞恥感、憤怒感。本來只是有點氣憤，想來想去，氣憤在心頭起了變化，猜忌、怨恨、不快，心理感受就

第三節　性格和心理的相互作用

會越來越複雜。而隨著這種心理感受的發展壯大，它在人的性格表現上也可能激發出更多與之相應的面向，甚至新的性格特質。

一個人因為達成了一件對他的性格來說有難度的事，他為此深受鼓勵，他的內心體會到正面的感受，他這個人可能會一反常態，讓人感覺他性格都變了。原來他很宅，做事很退縮，性格消極被動，現在卻充滿信心，什麼事都不害怕，事事都跑在前頭，跟從前的他判若兩人。或許在他的性格中，本來就有挑戰自己性格的積極性的一面，而現在正面的心理感受支持了他這一從前不明顯的性格特質。

隨著心理感受中複雜的新的情緒的產生，一個人在兒童時期單純因為恐懼心理而表現出的性格怯懦，有可能發展出新的性格特質。恐懼分化出嫉妒、不安全感、自卑、勇氣、積極等多種多樣的心理感受。這個小時候單純、性格怯懦的孩子根據恐懼分化出的不同的心理感受，也許會表現出小時候沒有的性格。比如，表現得更自私了，看起來強大了但是很冷漠，說話缺乏耐心了，抗拒溝通，也可能過於迎合別人的感受了。

第四節
性格標籤化對心理的不良暗示

我們對自己的認知在相當程度上取決於他人對我們的看法。我們的自我感覺和自我認同完全受制於周圍人對我們的評價。

也許在某種程度上，正是這一點給了標籤化足夠的分量，以至於它對我們產生不可忽視的作用。標籤化對人的不良影響，大概可以從兩個方面來說。一個方面是影響了貼標籤的人對被貼標籤的人的態度；另一個方面是框定了被標籤化的一方，束縛了他的心理感受和行為模式。

人與情境的相互作用決定行為。

如果他人的態度也可以視為我們所處環境的一部分，那麼在他人把我們標籤化的過程中，我們可能會感受到一種來自環境的傷害。當可憐的「小飛象」被打扮成小丑，被迫站在著火的高高的屋頂上為觀眾表演從高處跳下的節目時，它嚇得不斷後退。而為它助演的兩個人類小丑，站在舞臺上一邊催促「小飛象」跳啊跳啊，一邊議論說，「小飛象」跳下來也不會受傷，因為「小飛象」是沒有感覺的。

「小飛象」是沒有感覺的。正是這種標籤化，給了他們殘

第四節　性格標籤化對心理的不良暗示

忍的理由,「小飛象」再害怕、再可憐,他們也視而不見。

標籤所傳遞的資訊顯而易見:我們對處在不同社會地位的人是區別對待的。那些身分低微的人是不被關注的——我們可以粗魯地對待他們,無視他們的感受,甚至可以視為「無物」。

標籤化傳遞了一種有害設定,它設定了貼標籤者的態度和相應的行為模式,而這種被設定出的態度和行為模式,往往會帶給被貼標籤者有害的心理感受,從而又從心理上限制他的行為模式。

一個孩子,他明明有很多性格特質,不善表達只是其中的一種性格傾向,但如果這一點被過分強調,被貼上嘴笨的標籤,他想再自我改善,想再表現得伶俐一點,也許就會加倍困難。不管是周圍環境對他的定義,還是這種定義無形中對他的心理暗示,都表明了他被允許成長的有限範圍。

想突破這種被限定的範圍也許是不容易的。有時人們可能會有這樣的苦惱:在一種環境中待久了,就算你的個人成長已經有了很大的進步,但想要在周圍的人已經對你形成刻板印象、被貼了標籤的環境中表現出你的進步,有著說不出的困難。

別人已經把你定義為一個隨和的、好說話的管理者,儘管你學會了很多管理經驗,知道應該寬嚴相濟,但在別人對你的印象和標籤中,想突破你在這種限制中形成的行為模

式，表現出你雷厲風行的一面，似乎有著無形的阻力。你甚至想到你不得不重新換一個環境，在這個新的環境裡，當你還沒有被標籤限制的時候，盡快表現出你新的一面，固定新的行為模式。

心理學上對刻板印象有這樣的描述：

人們透過自己的經驗形成對某類人或某類事較為固定的看法叫做刻板印象。人們會基於性別、種族、外貌等特徵對人進行歸類，認為一類人具有比較相似的人格特質、態度和行為模式等，人們對某些人或事的固定看法和觀念，就像刻在木板上的圖形那樣難以更改、抹去……很多人的這種刻板觀念並不因為新的經驗而很快地改變。

由此可見，為什麼一旦別人對你形成了刻板印象，甚至從刻板印象出發，總結出一個標籤給你貼上，你想再翻身，想再突破這種印象和標籤給你的束縛是多麼困難。

表現在性格標籤上，它通常在負面意義上有兩個特徵：一是單獨強調了某一種性格傾向，而不是公允地看待性格整體；二是強調這一性格傾向的負面意義，比如，這是個老實孩子，它強調的通常是他不善於交際、疲於應付、不夠靈活的那面，而不是他可能存在的誠實、純正、厚道的一面。

這樣的性格標籤，投射在心理上，有時簡直可以稱為是一張性格「符咒」，它讓被貼的人不能動彈。因為它規劃出了你性格表現的範圍和方式，不管你的性格中還有多少潛質，

第四節　性格標籤化對心理的不良暗示

還有多少種發展和表現的可能，它都透過限制或者引導把你的性格局限在某一個面向上。

它對性格的某一點的強調，通常帶有否定的暗示──一個性格懦弱的孩子，一個性格害羞的孩子，一個性格懶惰的孩子，無形中給孩子限定在一個性格表現的範圍裡，暗示他總是注意自己懦弱的感受、害羞的感受、懶惰的感受。他從環境中不但得不到一點鼓勵來發展性格中其他的潛力，而且受到環境對性格表現的無形限制。很難擺脫「他性格懦弱」「他性格害羞」「他性格懶惰」的標籤，這些性格標籤暗示了他的行為模式。

第二章　性格和心理：互相成就，還是互相妨礙

第五節
從心理角度理解孩子獨特的性格

　　安徒生的名作《小美人魚》(*The Little Mermaid*) 是個悲傷的故事。這個故事讓人最痛心、最扼腕的是，王子始終被矇在鼓裡，不知道救他的是小美人魚，更不知道小美人魚寧可捨棄自己的生命，也不願犧牲他的生命。從價值的角度看，小美人魚這麼深厚的愛卻不為王子所知，更不謀求愛的回報，這也許是愛的最高境界了。

　　但是如果站在家長的角度上，小美人魚可能是個讓家長費解的孩子。她性格古怪，不愛說話，愛思考。海底的世界那麼美，那麼歡快，但最讓這個孩子感到快樂的卻是聽到人類世界的故事。她和別的孩子太不一樣了，別的姐妹們雖也認為外面的世界很美，但是新鮮感過去以後，她們還是渴望回到海裡。小美人魚呢，救了王子的性命，而且決意為了和王子在一起，為了得到一個靈魂不惜犧牲自己最美麗的聲音，忍受魚尾變腿、每走一步都如滴血般的痛苦。

　　在家人眼裡，她這又是為了什麼呢？為什麼放著海底那麼富足快樂的生活不要，放著和家人團聚的親情不要，放著人魚這超人類的三百年生命不要，放棄自己的聲音和自己的

第五節　從心理角度理解孩子獨特的性格

尾巴，忍受走路的痛苦，這實在讓人不理解。是她太任性了嗎？太天真了嗎？或者從孝順父母的角度說，是她太不懂事了嗎？她太讓家人傷心、操心了。

當王子結婚，小美人魚就會在第二天變成泡沫，她的姐妹們為了得到救她的方法，把她們美麗的長髮都給了巫婆。而她們的老祖母因為悲傷，連白髮都掉光了。對小美人魚來說，似乎從來也沒有想到過自己的行為會給家人帶來多大的痛苦。她對王子充滿了犧牲精神，對自己的家人卻視而不見。

這樣類似的例子在生活中並不鮮見，有的孩子心地善良，連一隻螞蟻都不捨得踩死，但奇怪的是他從來都看不到他的父母多為他操心。你說他自私嗎，但他又以自己的方式無私地愛著小動物。他的性格只是讓人很難理解，他為什麼要這樣，為什麼做事總是不顧自己的幸福，總是讓愛他的人跟著心痛？

對家長來說，最苦惱的也許不是孩子不理解自己的苦心，而是自己怎麼也無法理解孩子怎麼會有這樣怪僻的性格。就像達爾文的父親不理解達爾文整天遊手好閒、不務正業，天天趴在地上玩蟲子，而不是想著學會一門正經的學問找到一份正經的職業。

衝突和不解也許就在這裡，你眼中的幸福不是他需求中

第六節　力量從心中來：
快樂為什麼是最大的生產力

　　和我們接受的觀念背道而馳的是，有時父母看到孩子高興快樂會感到一種奇怪的不爽。非要潑潑冷水，把孩子訓得不高興了、惹哭了才罷休。也許這種心理也是普遍的，當別人的快樂既感染不到我們，又和我們當時的心理狀態不對等時，我們難免冷言冷語，讓別人分擔一下我們的不快樂。

　　尤其是對年齡大一些的孩子，父母越焦慮有時越容易生出一種錯覺，那就是孩子一高興、情緒一高漲，就肯定孩子不是在皮就是在玩，總之不是他們需要的狀態。因為他們很焦慮，孩子又沒有明白這一點，沒有對這種情緒做出同步的回應。比如，馬上跑去念書、練琴，或做家長的焦慮情緒指向的任何事，這時，就可能激起家長生出一種無名的怒火。

　　有時我們會看到一種現象，那就是從情緒上「制伏」一個孩子。不管你願不願意念書，不管你有多不高興，你必須坐在書桌前念書、坐在琴凳上練琴；我不管你皺著眉頭，開啟書本的手有多不情願，我也不管你課業上到底怎麼樣，練琴的時候內心有沒有一半在打瞌睡，你必須從情緒上低頭，必須從情緒上服從，接受「努力」這個模板的鑄造。

第三章
內向焦慮：
撕下「內向」的標籤

第三章　內向焦慮：撕下「內向」的標籤

● 第一節　內向是一種貶義嗎

不管有多少證據和觀點支持內向的優勢，但是一個人一旦從別人嘴裡聽到對自己這樣的評價，說自己是個性格內向的人，猜想不會有多少人認為這是一種讚美和恭維。相反，倒可能覺得是一種冒犯。

內向不像「這是個好人、這是個壞人」等評價這樣旗幟鮮明地擺明一種評價的立場，它很曖昧，要讓聽的人去猜，到底說這話的人什麼意思，他是在誇我嗎？還是在貶低我？它明明是個中性的詞，為什麼有時會讓聽到的人感到氣憤，它那層沒明說的意思是什麼呢？

評價一個人「性格挺內向的」，哪怕是很有禮貌地、滿面笑容地說出來，還是掩蓋不住一種貶義，立刻會讓對方感到被冒犯了。

那麼「性格挺內向的」這句被概括的評價，究竟包含了哪些沒明說的性格指向？

可能的內向性格指向是害羞、不善於表達、沉靜、感受力豐富、膽怯、文雅、講究禮貌、不放肆、退縮、猶豫、內斂。也就是說，性格內向包含多種正面和負面的指向，但在性格內向還是外向的評價標準下，通常評價一個人「性格內

第一節　內向是一種貶義嗎

向」是指他內向性格中負面的性格指向。如果我們當真看重的是一個人性格中有價值的核心特質，比如，我們看重他是一個有思想的人、重情義的人、真誠的人、善良的人，那麼我們可能不大會滿足於用內向還是外向來評價和了解一個人。因為它太粗糙、太模式化，根本觸及不到一個人的核心本質。

一位名人長者在寫給姪女的信中，建議她在考慮是否嫁給一個年輕求婚者時，可以從這些方面考慮：「他非常和藹可親，堅持原則，思想正直，習慣良好 —— 你很清楚所有這些方面的價值，而所有這些才是真正最重要的 —— 性格的各方面都是他最有力的辯護。」她提醒姪女，好的性格比活潑開朗、精神抖擻更重要。

很顯然，她並沒有把好的性格和開朗外向等同，更沒有把價值和性格的外向、內向等同。

而在很多的表達中 —— 不是所有這麼說的人，說一個人「性格挺內向的」，卻往往包含了這兩方面的意思，一是把內向還是外向和是否是一個好性格關聯；二是把內向和外向與一個人的價值關聯。

前面說過，在這種評價中通常容易強調的是內向指向的負面。也就是說，說你內向大多不是在讚美你可能文雅的、沉靜的、感受豐富的一面。而是你不善於交流、不善於表達、弱社交的一面。

第三章　內向焦慮：撕下「內向」的標籤

　　從強調實用能力的角度出發，性格在實用的、在現實應對能力上的價值，可能成為評價標準的唯一價值。這也就是為什麼一聽到有人用著重評判的語氣，而不是隨大流的語氣說你性格挺內向的，你可能瞬間就感到氣憤，因為這個邏輯關係已然很清楚，他給人感覺強調了你性格中應對無力的一面，同時這一評判和價值關聯，所以又會讓聽到的人有「你是在說我不善於交流嗎？」的感覺。

　　就內向還是外向的本義來說，一個人好靜還是好動，本來應該是一種中性的描述，沒有絕對的高低、好壞之分。一個孩子喜歡安靜，就讓他靜靜地一個人玩好了；一個孩子活潑好動，就讓他在安全的情況下到處跑好了。就像植物有喜陰的，有喜陽的，有喜歡土壤乾燥的，有喜歡土壤潮溼的；動物有耐力強的，有耐力弱的，耐力強的可能善於逃跑，耐力弱的可能爆發力強，短時間內提速快，所以，各有各的看家本領。

　　具有典型外傾人格的人好交際，喜歡聚會，有許多朋友，他們喜歡與人交談，不喜歡獨自看書。具有典型內傾人格的人則是安靜的，不喜歡與人交往，只有少數朋友。

　　如果單從個人的喜好和習慣上分析，完全可以考慮讓每個孩子、每個人按照自己天生的性格需求去生活，只要合理合法、於人無害。但是性格特別外向還是內向已經不再是一件自己的事，它在某種程度上是別人評價一個人價值的一個

標準。根據這個狹義的標準,通常展現在不用明說的性格指向的內容上 —— 人際溝通的能力,當別人說你性格挺內向時,通常我們領會到的含義是,溝通能力不大行,甚至擴展了更嚴重的意思 —— 融入群體的能力不強,融入社會會有困難,適應新環境會有挑戰。

這可能就是這句評價看起來沒什麼特別的褒貶,但聽到的人也許會覺得不高興,會模糊地感到被否定了的原因。

第三章　內向焦慮：撕下「內向」的標籤

● 第二節　什麼是一般意義上的內向

不管是觀察大人還是孩子，我們通常說一個人性格內向，似乎想表達的就是這個人不愛說話。「不愛說話」變成了對一個人是否性格內向的核心判斷和最容易的判斷。但生活中也有很多不愛說話，而並不會被評價為性格內向的例子。

「人狠話不多」指的就一定不是「性格內向」所指的性格含義，也就是說，這裡面的重點可能不是語言的溝通能力，而是他有另一種開啟局面、吃得開的本事，同樣是一種有分量的人際能力。

就像有的人說話很少，甚至一開口就臉紅，也沒有很強的交際能力，但是並沒有人說他性格內向。因為在他的氣質中似乎存在一種東西，可能是自尊、威嚴，可能是撐住場面的能力，所以，哪怕他缺少好口才，缺少情緒互動的能力，但是他能沉住氣。你可以感到他只是話少，或不習慣表達，但他可沒有在這種人際互動中露怯。

有的孩子也是一樣，從一般對內向外向的定義中，他應該屬於性格內向的孩子：抿著嘴，話很少，朋友也不多，也不經常出來玩。但是大人絕不會評價他性格內向，更不會擔

心他。他話少，但會把需要表達的東西表達得清晰有力；他很少和別的小朋友一起玩，但是只要他出現他就不愁沒有朋友，不會看到他徘徊在小朋友們的遊戲之外，不敢加入或難以加入。所以人們更直覺感到的是這個孩子性格沉穩。

也就是說，我們雖然平時總是以不善於表達為性格內向的特徵，事實上，也許不善於表達只是我們能看到的比較明顯的一種溝通能力欠缺。但一個人的人際能力不止善於表達這一種，他的氣場、情緒的穩定、心中的篤定，可能都是有分量的人際能力。

並不是所有不善於表達的人，我們都會說他性格內向。在我們的潛意識裡，也許我們更想說的不是他不喜歡說話，所以顯得性格內向；而是想說，他在人際互動中缺乏有分量的自我表達，所以性格內向。在這裡面，不僅有對人際間的溝通交流的意願、興趣是不是強烈，在性格上是不是有溝通的開放性，還有一點就是捍衛性，即捍衛自我的能力是怎樣的。

通常說一個人話少、性格內向，也許只是「話少」這種表現中的一種情況。一個人話少，可能是因為緊張，可能是因為驕傲，可能是因為穩重。雖然在日常生活中，很少有人有意識地刻意去區分這些不同之處帶給我們的不同感受，但我們的直覺會讓我們對這些不同原因引起的話少給出不同的態度，得出不同的判斷。

第三章　內向焦慮：撕下「內向」的標籤

　　察覺一個人性格內向，一方面可能是感覺到他交流的意願不高；另一方面也可能是我們看出來他一與人交流就很緊張，在人際交往中表現出退縮、難以招架的狀態，對待交流的攻勢會逃避、緊張不安、膽怯，缺乏捍衛自我的勇氣。也許這一點，才是家長在談到孩子性格內向時，會覺得擔心的原因。因為所指向的正是人際互動中的逃避退縮。

　　有意思的是，人們在一見面時，為什麼評價對方的著眼點不是有趣無趣，不是時髦不時髦，而是溫暖或冷酷、慷慨或自私；不是為別人著想的人和不為別人著想的人，不是懂得傾聽的人和只顧自己說個不停的人，而是首先評價和判斷這個人性格是內向還是外向？在有些情境下，這也許只是隨大流的隨便說說，只是一種刻板觀念的表達，然後依據對性格的刻板觀念，以相應刻板的方式和對方相處。但在有些情境下，內向還是外向其實是指對方性格是不是有應對人際挑戰的能力，隱含著對方在對待有壓力的人際關係或者有壓力的人際事件時，他的能力是怎樣的，是易如反掌，還是有難度的？

　　在這裡可能存在一種環境的含義，說一個人性格內向，如果不是隨口一說，而是生活中常見的一種不言而喻，那通常是指他性格中人際交往的能力不夠。但如果是在比較自然鬆散的人際關係中，允許一個人情緒表達的範圍更廣，彼此之間的互動、利益更少，彼此溝通的語言技巧也要求更少，

第二節　什麼是一般意義上的內向

就會更適合性格內向的人。

在一種存在壓力的人際關係中，不管這種壓力是有個人針對性的，還是廣泛而普遍的。所有這些壓力，都對性格提出了要求，尤其是當人際關係成為生活中一項重要的內容時。

如果一個孩子在自由活動的時候，自得其樂地玩耍，沒有和別的小孩一起遊戲，他給人的感覺也不一定就是所謂的性格內向。讓大人比較強烈地覺得他性格內向的，也許是他在加入群體，或和別人打交道時，對交往壓力的知覺和反應能力不強。

在人際溝通中也許到處有我們看不到的壓力，這些壓力雖然不那麼明顯，但應對這種壓力的性格能力卻被強調。也許人際交往在生活中的地位越重要、壓力越大，所謂的性格內向就越顯眼。

第三章　內向焦慮：撕下「內向」的標籤

● 第三節　內向的真假之分

　　經常會有人這樣形容自己，生人面前無話，熟人面前很瘋，後面還要加上一句，等你和我熟了，你就會見識到我內心狂野的一面。儘管對一個還不了解他的陌生人來說，怎麼也看不出他拘謹的外表下哪裡狂野了。但是，很明顯能讓人感覺到他的內心有些東西是他現在表現不出來的。彷彿有什麼無形的東西將他內心的活力上了鎖。

　　有人在兒童時期曾經有過這樣深刻的記憶，他形容自己的感覺就像被什麼「綁住」了。他想告訴教師是同桌搶了他的橡皮擦；他想上課的時候舉手，因為他看到所有的同學都不知道答案，而他知道，他很想站起來，感受同學的羨慕和教師的表揚。但是，他就是被「綁住」了。教師期待的目光一遍遍掃過班級，一遍遍地問有沒有同學知道答案，他至今還記得他心中急切的聲音，我知道我知道。但是，他就是無法舉手，他感覺無法切斷綁著他的無形繩索。

　　等他長大成人，他也許能更準確地形容出他的感覺是羞怯。在標籤化的性格認知中，一個人羞怯的表現很可能被歸為性格內向。但有的心理學研究顯示，羞怯是一個很常見的社交問題。社交焦慮和內向不同，意識到這一點很重要。內

向的人不願參加社交活動,這往往是他們自己⋯⋯,而大多數社交焦慮者都不喜歡自己的羞怯。

這裡可能出現了一個容易混淆、急需辨明的概念⋯⋯一般的印象中,性格內向的人應該同時都是社交焦慮的⋯⋯社交焦慮的人肯定也是因為性格內向疲於應付人際關係才⋯⋯焦慮的。它們似乎呈現出無須質疑的相關性。

但仔細研究會發現,它們的分叉之地,它們走向不同性質的焦點是個人的社交交流興趣和意願。被歸為性格內向,但事實上是因為羞怯而不敢和別人有效交流的社交焦慮者,也許有極大的興趣和別人交流。這就是為什麼有人會在陌生人面前顯得性格內向,在熟悉的環境裡又是個十足的話癆,覺得自己的內心有頭狂野的小野獸,一再地表示自己不是表面上看起來那麼不外向。他其實感覺到的、想表達的東西是他的內心有強烈的溝通、表現、社交的興趣和欲望。

這和真正意義上的內向是有很大區別的。如果內向是指在一定的程度上和自己在一起,脫離他人,那麼最深層的內向也許就是對他人缺乏興趣、對交流缺乏興趣。

有一項對孤獨者的研究揭示了一個人內心的孤獨和對他人缺乏興趣之間的關係,從側面也能窺見真正的內向性質存在的狀態。

孤獨者對同伴的興趣顯得比較冷淡。他們問的問題較少,常常不能對另一個人說的話做出評論,也很少提及同

第三章 内⋯⋯ 下「內向」的標籤

這些孤獨者更多地談論自己,並轉入一個與同伴⋯⋯關的話題。另一項研究發現,孤獨者更可能給陌生⋯⋯義,並且很少認同別人說的話。

總結起來,孤獨者是對自己之外的人怎麼想、做了什⋯⋯情況怎麼樣一概不感興趣。很少認同別人說的話,特別⋯⋯說明他和外人之間存在的銅牆鐵壁。他不是因為和別人意⋯⋯相左而不認同別人的話,也不是因為對人缺乏尊重。他很少認同是因為他忽視別人的意見。不是聽不進去,聽不進去也說明他知道別人在說什麼。忽視,是他根本不知道別人在說什麼。這是一種心理隔離的狀態。

一個教師在對家長談到孩子在學校裡的表現時,用了「刀槍不入」四個字來形容。這不是說這個孩子有多皮、有多難管,相反,這個孩子很安靜,從不惹事。說他刀槍不入是因為不管你怎麼跟他講道理、責備他,他都像游離在另一個世界,聽不進去一點。

雖然平時我們在評價一個孩子是否內向的時候,很容易把他的交流興趣和交流能力混為一談,但是也許有必要區分開來看。缺乏交流興趣也許才是真正意義上的內向。因為這種缺乏交流興趣已經造成了事實上的心理隔離,使得別人和來自別人的資訊進入不了他的世界,更無法形成真正的互動。而交流能力的欠缺在一定程度上是可以練習和改善的。

就像有些羞怯的人說的,他們有時因為太害羞、太緊

張，所以一下子不知道該說什麼好。表面的邏輯是因為害羞，所以說不出話，但還要深挖一下他為什麼害羞。有的孩子身上害羞的特點表現得特別明顯，如果粗略地看，可能認為他性格內向，或者有自卑心理。但這並不是全部，同一個孩子，可能在有的情境下很大膽、很勇於表達，在另一種情境中卻非常害羞。

用適合於當下情境的方式表現和表達，是很多人忽略的事情。人們只注意到了這個人的害羞，看到了他羞得說不出話的表象，卻沒有注意觀察，他之所以害羞、不知道說什麼好，是因為他對當下的情境應該使用的語言、表達的方式、互動的方式沒有把握，或者不熟悉，所以感到手足無措、沒有信心而顯得退縮。但這種退縮，不同於真正意義上的內向，換一種他熟悉的、擅長的、可以掌握的情境，他可能就會顯得外向了。

第三章 內向焦慮：撕下「內向」的標籤

● 第四節　內向孩子的情緒問題

　　我們經常聽到別人說，有什麼話就要說出來，不然會憋出病來。或者議論某個人，說他不快樂就是因為想太多了、想不開。似乎這些問題的出現都跟情緒不暢有關係。從這一點上說，一般意義上的性格內向，也就是人們印象中的不善於表達和溝通，這會讓人聯想到情緒的積壓、心理壓力的積壓。而這種積壓的壓力，經過在心中發酵會不會極大地影響孩子的情緒呢？讓人情緒不暢，更容易發脾氣，也更固執，更不好溝通？

　　這裡需要注意的是，一般意義上性格偏內向的孩子是否就一定比性格特別外向的孩子產生更多負面情緒，他對負面情緒的表達和消化是否存在困難。

　　從對刺激水準偏好的差異方面，透過對外向者和內向者的研究發現，外向者比內向者對刺激更不敏感，即內向者對刺激更敏感。一個外向者有可能置身於熱鬧的聚會，感覺自己生龍活虎，十分有趣；而一個內向者卻有可能非但感覺不到樂趣，還感到精力耗盡，疲憊不堪，這是因為他對刺激更敏感。

　　內向的學生對刺激更敏感。因此，一個內向的人在喧鬧的房間可能會被各種事情干擾，很難進入學習狀態。相比之

第四節　內向孩子的情緒問題

下，缺少刺激的外向者會覺得安靜的房間令人厭煩。除非知識內容特別令人興奮，否則外向的人會不時地停下來，環顧四周分心的事物，很難把心思集中到當前任務上。

內向者的這一特性很容易讓人誤解，即覺得一個抱著書本非要找到一個相對更安靜學習場所的學生他太矯情，毛病太多；他戴上耳塞的樣子過於誇張。但事實上，他可能備受其苦。對內向者的誤解還可能不止於此。他可能會讓人以為他缺乏生活興趣，情緒容易低落，而且顯得固執，甚至任性，難以溝通。

一個內向者可能確實表現出了更多的不良情緒。但這些不良情緒中，是否有一部分是因為適合他需求的環境條件沒有出現。就像心理學家研究的，如果把一個性格特別外向的孩子放到安靜的房間，只會讓他分心和厭煩。也就是說，不管是性格特別外向還是內向，處在和自己的性格需求不相宜的環境條件下，都有可能會消耗精力、令其不快，產生不良情緒。

也許對性格內向的人不利的是，就人際關係的重要性和不可避免性而言，他對環境條件的要求更高，也更不容易實現。那麼，他從和外向者相同的環境中，得到的樂趣也就更少，消耗的精力也就更多，也更不容易得到情緒補充。他可能真的會情緒不高，因為在看不見的地方，他也許付出了比別人更多的努力來適應環境，這也就意味著他更勞累、更

第三章　內向焦慮：撕下「內向」的標籤

容易發脾氣。因為，當外向的人如魚得水，在同樣的環境中得到給養的時候，他卻在消耗能量，自然不容易有良好的情緒。

如果不讓他透過獨處來充電，與人共處的壓力就會對他產生更大的影響。在他能量減少時，他的行為也會向著不好的方向發展。

其實，這也能在一定程度上解釋，為什麼有的孩子總是在交往和應付人際環境時顯得精力不足，他對別人興高采烈的談話毫無興趣。你讓他多和別人交流來往，他會說我能量、精力很有限，不得不省著點用。而換了另一個特別能發揮他天性的環境，他突然就表現出過人的精力。

不適宜的環境更容易產生自我挫敗感嗎？據研究者發現，外向者比內向者報告的平均快樂水準更高。簡而言之，外向者一般比內向者更快樂。為什麼呢？據研究得出的 W 結論，有兩點。第一點是外向者更喜歡社交，這樣做的好處是，更有幸福感（社會交往與幸福感有密切關係），有助於緩解壓力，能得到更多幫助。第二點是據心境測驗證明，得到正面回饋時，外向者比內向者更高興，得到負面回饋時，外向者卻沒有內向者那麼失望。也就是說，他們更容易感到高興。

那為什麼內向者相對於外向者來說，不那麼容易快樂呢？拋開其他因素，僅就性格和環境的關係來說，不適宜自

己性格的環境，一來難以從中得到支持；二來因為應對起來笨拙，可能會產生恐懼和自卑心理，反過來又因為融不進去，而倍感孤獨。有研究說，羞怯的人在得到別人的回饋時，會加上負面色彩，是因為他們會假定，別人對他們不感興趣。似乎是他們這種自我挫敗傾向妨礙了他們的表達。但是否他事先已經在並不那麼適合自己氣質的空氣中，嗅到了負面回饋，這可能是他假定的，也可能不是，但他感覺到的格格不入是真的。自我挫敗的感覺，既可能來自深感難以融入的孤獨，又因為自己缺乏克服羞怯的勇氣而獨自羞愧。

因為這事關自我感覺，把自己的傷口扒開給別人看，也許比其他的溝通更難以啟齒。這種不良的感受，有時可能會表現為一種讓人難以理解的固執、毫無來由的暴躁。但這些情緒的產生，並不完全是性格的原因，而是和性格與環境的匹配度有一定的關係。

第三章　內向焦慮：撕下「內向」的標籤

● 第五節　人為製造的「內向焦慮」

「不過，弗恩，小寶貝，我希望你今天在外面玩，不要上霍默舅舅家的穀倉去了。在外面找兩個小夥伴，做點有意義的事吧。你在那穀倉裡花的時間太多了 —— 老這樣孤孤單單的，這樣對你不好。」

「孤孤單單？」弗恩說，「孤孤單單？我最好的朋友都在穀倉底。那地方可熱鬧了，一點也不孤單。」

「是弗恩的事，」阿拉布林太太開門見山說明來意，「弗恩把太多的時間花在朱克曼家的穀倉了。這似乎不正常。她總是坐在穀倉底靠近豬圈的角落裡的一把擠牛奶的凳子上，看那些動物，看一個鐘頭又一個鐘頭。她就這樣坐在那裡。」

……

「那麼，」多裡安醫生說，「我想她會一直愛動物。不過我不相信她一輩子待在霍默‧朱克曼的穀倉底。男孩呢 —— 她認識什麼男孩子嗎？」

「她認識亨利‧富西。」阿拉布林太太一下子歡快地說。

「亨利‧富西，」多裡安醫生喃喃地說，「嗯嗯嗯。好極了。好，我認為你沒什麼可擔心的。如果弗恩高興，你就讓她和她穀倉裡的那些朋友打交道吧。我可以不假思索地說，

第五節　人為製造的「內向焦慮」

蜘蛛和豬完全與亨利·富西一樣有趣。不過我說在前面,有一天連亨利也會偶然說出些吸引弗恩注意的話來⋯⋯」

這是著名的兒童文學《夏綠蒂的網》(Charlotte's Web)中的幾段。但是這種談話、這種家長的擔心在生活中又是多麼熟悉。曾幾何時,家長不光關心孩子的課業,還開始關注起孩子的交往能力。這條看不見的邏輯線,找小朋友玩——做有意義的事——孤單——對你不好——喜歡獨自和動物玩,對動物感興趣(而不是和小朋友玩,對小朋友感興趣)——這似乎不正常,正在讓家長變得焦慮。這種對性格的焦慮、對人際交往能力的焦慮,或者用生活中更常見的表達,即對性格內向的焦慮,正讓人深受折磨。

「我家孩子太宅了。我都攆著他出門走走。」

「我真擔心,孩子在學校裡連一個朋友都沒有,是不是有社交恐懼症。」

這種內向焦慮的前提假設是,只有「亨利·富西」是有趣的;只有和「亨利·富西」玩才是正常的。也就是說,家長在心中已經預先有了一個行為正常的理想標準和看法,那就是社交能力弱就交不到朋友,沒有朋友——「社會交往與幸福感有密切關係」,就會孤單,孤單,就容易出現心理問題。

但有一個現象是,有些被認為內向的孩子可能有更多深層親密的朋友。有些快樂的、比較外向的孩子,和他關係好

第三章　內向焦慮：撕下「內向」的標籤

的孩子倒是不少，但你觀察他的成長過程可能會驚訝，他缺少的是那種深刻的朋友、感情深厚的朋友、一生都忘不了的朋友，而不是他廣泛來往，都玩得來的泛泛之交。但是顯然他活得很好、很快樂，似乎他的內心幸福感能自給自足，他和其他孩子快樂的交往只是他內心中溢位的幸福感的一部分。他可能並不是先從交往中得到滋養和快樂，而是因為他快樂才去交往。交往只是他的快樂的一種外在表現。

事實是，一個人用自己適合的方式發動自己內心的活力非常重要。蜘蛛和小豬可能跟亨利·富西一樣有趣，一樣能從其他方面給人帶來幸福感和情緒支持。所以對蜘蛛和小豬──對「有用、有意義」定義之外的東西感興趣，也是一種正常的現象。性格焦慮容易讓人目光變得狹隘，過於強調社交、強調社交能力和從社交中得到的健康與快樂，無視生活中讓人快樂有趣的東西，甚至視這些無用的樂趣為有害的，覺得對這些東西感興趣是不正常的，這是目光狹隘的表現。當正常和不正常的標準變得越具體越狹隘，它帶來的不良暗示和影響比性格本身的問題更大。

有一個對雜草的定義比較有意思：「雜草就是出現在錯誤地點的植物。」也就是說，草還是一樣的草，長在花園裡那就是景緻，但是如果出現的位置不對了，比如，出現在垃圾堆、荒廢的院子，那就成了雜草。從這一點上來說，性格也是一樣的，在不同的環境、需求和條件下，對性格應該或

第五節　人為製造的「內向焦慮」

最好具備的能力強調的點也許是不一樣的。但這不能絕對地說哪種性格特質好，哪種就不好，內向性格出現的位置也許恰巧暴露了它弱的一面，讓它不能揚長避短，發揮自己的優勢。但是，對它具備優勢這個事實，對思考怎麼挖掘培養它的優勢，也許比把注意力放在硬扭它的弱點上來得更有收益。

並不是說要罔顧人際能力重要性的事實，不是放棄對這方面的引導，而是怎麼引導的問題。是只允許弗恩對亨利·富西感興趣，不允許他的世界中出現蜘蛛和小豬；是暗示他只有和亨利·富西玩在一起才是正常的，還是允許他用自己的性格方式發展愉快的感覺，並從中自然而然地發展出其他和年齡相當的興趣。這是值得思考的事。

也許問題的核心在這裡，當你不允許他為自己真正的性格留一席之地，讓他真正的性格需求得到滿足時，他就很難發展出你期望他有的社交活力。單純從他的生活中把社交能力拿出來強調和督促，也許適得其反，給他造成壓力，甚至出現抗拒和自卑的心理。因為他可能還沒有做好準備。他可能還需要從他眼前更感興趣、更有把握的東西中汲取養分，這樣他才能整體上成長和進步，從而更能做好準備，更有力量學習人生中重要的一課。他要變成更好的自己，才有可能更有社交興趣。

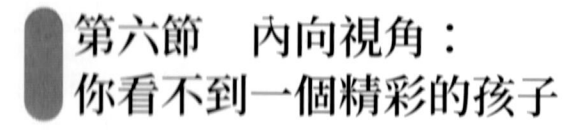

第六節　內向視角：
你看不到一個精彩的孩子

　　假如只會用內向還是外向的角度去看一個孩子的性格，無疑，《夏綠蒂的網》中弗恩的性格很接近平時人們口中的內向性格。尤其是她上課的時候，總是一個人默默地沉浸在自己的世界中，想給她心愛的小豬起一個最漂亮的名字。當教師提問她問題，她卻像做夢似的回答出她想到的小豬的名字：「威爾伯。」她的同學們都咯咯笑起來，而弗恩自己臉都紅了。

　　從內向的角度看，你看到的是一個活在另一個世界的孩子，她最大的問題似乎是缺乏和現實世界接軌的能力。但是，那是一個什麼樣的世界呢？那個世界中有有勇有謀、忠於友誼的蜘蛛；有天真可愛、不想被做成火腿的小豬；有自私自利、喜歡抱怨的老鼠，有它們之間發生的奇蹟般精彩的故事，這是一個應該被埋沒的世界嗎？這是一個應該被輕視的世界嗎？

　　精彩這種東西從來不會存在於刻板和類型化之中。如果你翻開一個故事，看到的妖怪都是一個面孔的惡，那是無趣的；無趣意味著不能激發你大腦的火花，不能讓你產生新鮮

第六節　內向視角：你看不到一個精彩的孩子

感的活力，不能帶給你突破舊框架的思考。如果，你看到故事裡的妖怪天真地試圖取悅它的獵物，生氣了還像一個任性的孩子一樣打滾；它清醒的時候因為自己做的壞事感到憂鬱，性子發作的時候卻又遏制不住自己把壞事做盡；每個人物都是立體、多彩的，這樣各色特質糅合在一起，是錯綜複雜的，是異彩紛呈的，是活力本身的。

而只習慣從內向的視角去看一個人，你容易看到的他是一個沉悶無趣的人。你會容易忽視他心底色彩斑斕的世界和那個世界中的寶藏。

將性格類型化，在有些時候會帶來便利，但用類型化的視角，卻很難認識一個真實的人。就好像你從影片、數據裡面看到的，斑紋牛羚這種動物，除了關心吃草，就是關心逃命，它是沒有自己脾氣的。但當你真的看到一頭藍角馬時會發現，它因為一隻野貓路過自己的院子，經過自己的食槽，會露出一臉陰沉好鬥的神色，這種在獅子的捕獵中，只想著狂奔的動物，脾氣也不小。

類型化視角的特點是，把對方當成一種類型來看，而不是當成具體的、整體的人物來看。這也意味著有可能將對方當成一種類型來評判，而不是在整體上，盡可能公允地了解對方。「類型化」他人，事實上存在一種武斷的拒絕態度，拒絕真正地了解對方。

第三章　內向焦慮：撕下「內向」的標籤

　　被標籤化的人普遍反感實行標籤化的人，因為這種做法是否認他的個性，無視他的人格以及他有別於他人的獨特個性。

　　而這種類型化的認知和評判角度，也同樣意味著，對類型範圍內的東西過度價值化；對缺少類型範圍內的東西，過度缺陷化。比如，過度強調外向的優勢優點，過度關注內向的缺陷，而不能全面地看待。藉由內向的視角，就等於站在矯治內向的角度上，不僅是以內向外向的性格標準來認知孩子，還要從對孩子內向性格的缺陷性表現的認知、挖掘和矯治上，認定和評判孩子是什麼樣的性格。這是一個極為狹窄的性格認定和評判範圍，意味著太多性格的多樣性價值，沒有被納入認知、欣賞和肯定的範圍，同時，性格作為一個協同運作的整體，被排除在外的性格因素越多，越不容易培養出獨具個性、真正出彩的性格。

　　而類型化的態度容易讓人略過觀察和思考的過程。無法區別出個性的特質和性格的多樣性表現。但這一點又尤為重要，所謂因材施教，最重要的是了解不同人之間細緻的區別和個性化的優勢所在。

　　這樣的態度在家庭教育中也許是非常大的浪費。因為家長是最有條件近距離地了解孩子性格的本質和多樣性、豐富的性格細節的人。家長是最有可能在這種性格挖掘中發現和組合他獨特優勢的人。如果草草地給孩子冠以性格內向之

第六節　內向視角：你看不到一個精彩的孩子

名，彷彿除了這一種性格特質，就再也沒有什麼值得關注的了，那有多少優秀的特質會得不到公平的對待和重視。對家長來說，又可能損失多少讓孩子出類拔萃的培養方向。

在生活中同樣不難見到，有些被稱為性格內向的孩子，可能有著豐富的內心世界，他們特別的善良、沒有攻擊性、單純，對美──物質的美和人性的美有著超乎尋常的敏感。如果換一種不是那麼類型化的評價，他被內向標籤遮住的優勢，他最本質的東西，他真正的性格，他最應該被重視的品格，能得到更多的展現和發展，我們也許會驚訝地發現，性格的精彩原來有這樣不同的內容。

第三章　內向焦慮：撕下「內向」的標籤

第四章
外向：
一種更受歡迎的性格特質

第四章　外向：一種更受歡迎的性格特質

● 第一節　外向是一種褒義嗎

　　性格特別外向，大概要分為兩種情況，一種是一般定義上的性格特別外向；一種是被別人掛在嘴邊評價的性格特別外向。這兩種情況有什麼不一樣呢？

　　一個人可以是性格特別外向的，他具有一般定義的性格特別外向的特徵：熱情大方、開朗樂觀、喜歡交流。但是人們在談到他的時候，往往會根據他更具體、更重要的某個特點來形容他的性格。比如，可能會說他很熱情、很友善，但就是不說他性格特別外向。這並不全是因為做出評價的人不習慣使用性格特別外向、內向這種評價標準。

　　而另一個人，他在性格表現上是一樣的，熱情大方、開朗樂觀、喜歡交流，但別人說到他就會說他性格特別外向。這看起來似乎是一種隨意的偶然事件，不值得關注，但仔細品一品，裡面是有差別的。雖然認知上，我們認為性格特別外向就是具備這樣一些顯而易見的性格特質，但在日常語境中，在日常那些只可意會的意思裡面，理論上的性格特別外向和這種意味深長的口頭評價「性格很外向」，強調的點不一樣。只有生活在這種環境裡，才能體會到這種微妙的區別。

第一節　外向是一種褒義嗎

人際溝通是個體和個體之間的資訊、情感、需要以及態度等心理因素的傳遞與交流的過程，是一種直接的溝通形式。溝通的功能主要展現在：溝通是獲取資訊的方法；溝通是思想交流與情感分享的工具；溝通是滿足需求、維持心理平衡的重要因素；溝通是減少衝突、改善人際關係的重要途徑；溝通能協調群體內的行動，促進效率的提高與組織目標的實現。

在很多性格特別外向的人身上可以看到，他們在人際關係上可能體驗到更多的友善、融洽，能更容易獲得更多的資訊，但這大都是他們性格特別外向的副產品。他們外向，但在這種外向的溝通中並沒有表現出過強的獲取意識、自我表現力、耀眼的情緒吸引力及對外向魅力的強化使用。所以他們卻並不讓人意識到他性格特別外向，更不是「性格很外向」這種評價所指的外向。

「性格很外向」往往是指讓人很強烈地感到某人的外向中有強烈的獲取意識、自我表現、情緒主導，強調的是它在人際關係互動中的主動性、主導性、支配環境的力量的特質。

人際關係是人與人在溝通與交往中建立起來的直接的心理上的聯繫。心理學家以人際需要為主線提出了人際關係的三維理論：人有三種基本的人際需要，即包容需求、支配需求和情感需求；人際需要決定了個體與社會情境的連繫；對於三種基本人際需求，人們有主動表現和被動表現兩種滿足方式。

第四章　外向：一種更受歡迎的性格特質

　　如果從這種人際關係的三維理論出發，我們能比較容易地看出真正的性格特別外向和被口頭上評價為的「性格特別外向」有什麼區別了。

　　真正的性格特別外向者體現了更強的包容需要，這是指與他人接觸、交往、相容的需求和愛他人或被他人所愛的情感需要，卻很少支配需要；而生活中一般被認為的「性格特別外向」，卻可能給人相反的感覺，他可能有更多的支配（主導、影響）需要或意圖，而相比之下有更少的包容需要和情感需要。

　　真正的外向者讓人感覺愉悅卻不耀眼，可能是因為他在人際互動中，更多地表現出主動包容——主動與他人交往，積極參與社會生活；主動情感——對他人的喜愛、友善、同情、親密。而顯然，像「性格很外向」這樣的評價，似乎全憑日常對性格特別外向的感覺得出來的評價，強調的點要簡單得多，可能拋開了包容需要、情感需要，著重強調了滿足支配需要的支配能力，即獲取人際資源的性格能力、表現自己的能力、影響主導人際關係的能力等。

　　可以說，在日常的表達中，說一個人性格特別外向，往往可能已經摒棄了性格特別外向的主要特徵，而著重於這些特徵在人際關係中是否有鮮明的主導力。它不再是一種單純的性格表達，而是有了能力的意味。問題是，完全用這種角度認定「性格特別外向」，反映出了一種什麼樣的人際觀念？

在這樣的人際觀念中，人際關係是否只剩下了強弱關係、支配和被支配的關係，而情感價值、品格價值都已經不包含在這樣的人際關係之內呢？對價值的認定，包括性格價值的認定，其實更應該建立在宏觀的視角上，它不僅令個人受益，也能令他人受益。

戶外教育的巨大價值就在於，它將注意力放在那些總是促進人類團結的因素上：暴雨、狂風、和煦的陽光、幽深的森林，以及被我們的地球所激發出來的敬畏和驚異，尤其是在我們的啟蒙階段。

但是無論如何，「性格特別外向」還是帶有褒揚和肯定的意味。對小孩來說，如果得到這麼一句評價，家長可能會倍感心安。因為，一句簡單的「性格特別外向」可能說明了很多家長關心的東西。

比如，知道孩子在幼稚園、在學校裡都表現出外向的性格，這似乎意味著，第一，你不用擔心他沒朋友；第二，你不用擔心他被欺負，就算有人欺負，他也會告訴教師；第三，他顧得過自己，意思就是他有什麼事都能表達，不會吃悶虧。

第四章　外向：一種更受歡迎的性格特質

●第二節　外向的魅力：情緒感染力

　　有一回親戚家來了個小孩，我和朋友帶她出去玩，一路上，我覺得我對她極好了，牽著她的小手，不停地關心她熱不熱，累不累，在爬山上坡的時候，我總是回頭拉著她。誰想到，後來我發現，她的小眼睛從來沒有注意過我，她的注意力完全被我的朋友吸引了。朋友說個笑話，她就樂得咯咯笑，雖然朋友自顧自地趕路，很少搭理她，但她的目光一直閃亮地跟著我的朋友。

　　這讓我又驚訝又傷心，又憤憤不平又疑惑，心中忍不住納悶，朋友到底好在哪裡，哪裡有那麼大的吸引力？後來思索出來了，朋友這個人性格輕快、好開玩笑，他的情緒很有感染力。

　　情緒本身已經越來越被認知和重視，但是多數時候，我們關注它，比較多的是關注它的負面作用，因此我們經常說要學習如何控制情緒。但情緒在生活中的正面作用也不容小覷，在很多時候，一個人愛情上的失敗、人際關係上的失敗，都有不善於使用情緒能力的原因。

　　就好像一個外在優秀的人，雖然條件樣樣好，就是不知道哪一方面缺乏吸引力。他自己可能也很苦惱迷惑，他說的話、他的表情都表現出對愛情的積極，但對方就是不接他的

第二節　外向的魅力：情緒感染力

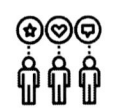

話，對他不來電。其實，這個「電」，很大一部分就是情緒上的「電」——能不能影響對方的情緒，有情緒感染力，這個是開啟對方心門的第一把鑰匙。

意識到關係主要取決於情緒是如何交流的，以及關係中情緒的相互作用。

性格特別外向的人，在人和人之間看不見的情緒互動上往往有更多的情緒感染力。這並不是說一般意義上性格內向的人，就缺乏情緒感染力，只是可能在情緒互動中，給對方更多的是寧靜、平穩、舒適的情緒感受，而這可能要仰賴對方有種慢調的欣賞心態。也許，很多人還是更容易被興奮的情緒吸引，被熱烈的情緒激發感染。

當家長期望孩子在外面能表現得性格特別外向一點，也許就是在期望他在外面表現出更強的情緒能力。

情緒能力和社會能力息息相關，因為處理自己和他人的情緒能力是社會交往的中心。這在同伴交往中尤其明顯，因為在同伴關係中，受歡迎程度和友誼在相當程度上取決於一個孩子能否成功地把自己的情緒和別人的情緒共情。

這可能也是為什麼，似乎總是那些性格表現更外向一些的孩子，顯得更受歡迎，他可能表現出了更多正面的情緒感染力，能更輕易地激發別人的情緒而形成情緒互動。

第四章　外向：一種更受歡迎的性格特質

與表現負面情緒更多的孩子相比，表現正面情緒多的孩子有更好的同伴關係。

準確解釋他人情緒資訊的孩子會得到較高的社會評價。

這種正面情緒包括快樂、友好、興致、對溝通的開放態度。你和他在一起會感到更快樂、更舒服，交流起來沒負擔。但並不是所有性格表現外向的孩子都有這樣正面的情緒感染力。因為，性格特別外向的意思是能用更流暢、更明確的方式，把心中的情緒表現出來；它只是表現的能力，不代表它的情緒都是正面的。

就好像有的小孩，性格不可謂不外向。不管是和大人打交道，還是和小孩打交道，都對答如流、口才極佳，而且表現出很強的交往能力。但是，如果你和他相處得久了，你可能會發現他的外向並沒有吸引力。他是有很強的情緒表達能力，但是他表達的情緒都是內向的。什麼是情緒的內向呢？就是他的情緒大多是自私的、自我的、不關注他人情緒的，甚至他的快樂都不具有分享性。

這和「性格特別外向」所表現出來的性格的向外溝通的性質完全不一樣，它只剩下了對自我的強調。而這既不是正面的情緒，也不具備情緒感染力。

反觀那些真正具有外向性格魅力的人，他通常都表現出了一種眼中有別人的性格。這為真正有互動的情緒交流提

第二節　外向的魅力：情緒感染力

供了基礎，或者說有內向性格魅力的人也一樣，他的眼中也有別人，只是用一種更符合自己個性的方式，即表現相對平靜。

外向性格包括那些比較正面的情緒特質：快樂、興致勃勃，對人和人的接觸隨時保持友好接受的狀態，關注他人的情緒變化，並能將這種關注和理解明確表達出來。它的情緒感染力在於，第一，外向性格的人能讓別人看到一個好情緒的自己；第二，他能看到別人。也可以說，他表現出比較有分寸的外向，既在情緒上是快樂的，又是不過分擠占別人的情緒空間的。

有的孩子性格表現非常外向，這可能既博得了許多同伴的喜愛，又讓有些孩子不是那麼喜歡。倒也不是純粹的嫉妒，就像前面提到過的，一個性格有內向傾向的人，在喧鬧的房間可能會難以集中注意力，覺得不自在。這種喧鬧有時指的不只是聲音，還包括其他人的情緒狀態。在一個共同的空間和有限的人際空間中，某些孩子太過外放的情緒表現，他的快樂，對那些和他沒有太多交集的孩子來說，可能感到的不是快樂情緒的感染，而是一種情緒上的喧鬧和壓力。

第四章　外向：一種更受歡迎的性格特質

●第三節　外向的孩子更容易應對挫折

在有些例子中，可以很清楚地看到童年的心理創傷是如何盤踞在一個人內心深處成為一個難以解開的死結的。比如，有的人成年後仍未忘記父母的偏心、親戚的冷淡，或者是同學、教師說過的某一句話對自己造成的深深的傷害。

只是除了嚴重的創傷事件，有些引起心理創傷的事情，在很多人的童年經歷中都或多或少的有過，卻不見得都會讓當事人留下創傷。就拿父母偏心來說，儘管當父母的喜歡說自己並沒有偏心。但似乎不偏心很難，總有一個孩子，更討父母喜歡。

父母這種偏心對孩子的影響也是不同的。有的孩子長大了會一直吐槽父母有多偏心自己的姐妹，對自己缺乏關心，不公平。也有的孩子，小時候受到不公平的對待，比如，好吃的都要讓給弟弟妹妹，被欺負反而被家長罵，但她長大了依然和自己的弟弟妹妹親密無間，談到他們時會關懷備至地說「我就這麼一個兄弟姐妹啊」。

也許在這兩種不同的態度中，父母的偏心程度、當時的環境對人的影響都有不同。一個人對傷害的感受程度可以分為兩個部分，一個是傷害本身；一個是受傷害的人自身的承

第三節　外向的孩子更容易應對挫折

受力、復原力。同樣的傷害，對不同的人傷害的程度是不一樣的。有的人的心就像一塊融化的軟蠟，任何外力都容易在上面留下印記；有的人卻不一樣，他似乎對傷害的抵抗力和消融力都更強。

這一點在性格特別外向的孩子身上表現得比較明顯。比如，有個調皮的孩子當眾說：「你笨得就像一頭豬。」這對有的孩子來說，可能是一生的傷害，他會永遠記得說這句話的時刻，記得那個可惡的同學是什麼表情，記得周圍同學的竊笑，記得自己丟臉的感受。而性格特別外向的孩子，聽到同樣一句話，他可能瞬間也感到丟臉，並臉頰通紅，但他可能會表現出一定的性格主動性。這種主動性有幾個特點。

反擊的能力：性格特別外向的特徵之一，也許就是善於表達，不管是表達情緒，還是表達觀點，都更有能力表現出來。遇到類似這樣的攻擊，「你笨得就像一頭豬。」他往往不會把這種氣憤或受傷的感受憋在心裡，他可能會立刻反擊，「你才笨得像頭豬呢。」很多人有過這種心理體驗，那就是你之所以一直生氣，念念不忘，感到深受傷害，不僅是因為對方說了什麼，最重要的是自己沒說什麼。也就是說，沒跟上話還上嘴，沒對對方的攻擊反擊才是最讓自己生氣、覺得窩囊的地方。生別人的氣尚可，最難受的是生自己的氣。

越過的能力：性格特別外向還有一個比較明顯的特點是，情緒通常較其他人更歡快、更明朗。就像奔流的水一樣，遇

第四章　外向：一種更受歡迎的性格特質

到石頭、樹木阻攔，會即刻尋找任何可能的路徑，繼續奔流向前而不受影響。這是情緒的另一個重要作用，像血液運走身體中的廢物一樣，把人生中遇到的「垃圾」也快速地帶走。當有的孩子長久為了這句話「你笨得就像一頭豬。」而悶悶不樂的時候，性格特別外向的孩子卻很可能早就越過了這個插曲。情緒的流暢就像快速流動的水，所謂流水不腐，這種情緒快速流動的能力，能很快帶走心中的不快，不會讓不快在心中反芻，最後變成陳年的問題。

面對的能力：性格特別外向的孩子一般表現出比較喜歡和人交流的意願，從這一點上他們也許更具有一些優勢，在涉及需要交流才能解決問題的時候，他們更有溝通的勇氣，更不會因為需要面對面解決問題而感到困擾。比如，有的孩子被同學欺負了，家長第一反應可能是，那你有沒有和老師說。如果聽到孩子沒告訴老師，家長會生氣，你又不是鋸了嘴的葫蘆，幹嘛不告訴老師。但是告訴老師這樣一件事情，對有的孩子來說會是一種壓力。因為要面對老師，和老師說話需要勇氣。同樣一句簡單的話，「老師，他打我。」可能對有些性格特別外向的孩子來說更容易說出口。

抗挫折的能力：因為性格特別外向的人，往往生活中的人際交往較為主動，這種主動讓他在挫折的人際關係中，更容易復原，更有抗挫折的能力。這並不是說在抗挫折能力方面，他就一定有更強大的內心、更強大的意志，而是說相同

第三節　外向的孩子更容易應對挫折

的挫折,因為他的主動性、他情緒具有流動性,所以帶給他心理上的挫折感也許更小一些。這就讓他可以付出相對更少的心力、更少的意志,卻有可能達到很好的抗挫折效果。

因為在這種性格的特質中,蘊含的主動、開朗、變動都意味著情緒流動得順暢、注意力善於改變,也就不太容易在一種挫折的狀態中長期糾結,從而不會被挫折感更深地滲透,對思維、行為、心態產生影響。

第四章　外向：一種更受歡迎的性格特質

● 第四節　外向的孩子內心更有安全感

　　據研究稱，抑制型兒童會表現出一種特殊的焦慮，心理學家稱為新異焦慮，這樣的兒童在面對陌生環境時更容易害怕。而對內向和外向的研究中，有研究者認為行為抑制系統與內向有關。

　　行為抑制系統活躍的人比別人更憂慮。他們進入新情境時非常謹慎，不斷地尋找危險訊號，並且迅速退出可能招致麻煩的情境。

　　這並不是說抑制型兒童就一定是一般意義上性格內向的孩子。而是藉由這個角度，我們或者可以思考一下，為什麼性格比較開朗外向的孩子，不那麼容易表現出害羞、膽怯、退縮等情緒，為什麼他們會有這種膽魄，在面對陌生情境的時候安之若素。

　　和被稱為性格內向的孩子相比，性格特別外向的孩子內心就體驗到了更多的安全感、更多的篤定嗎？如果從新異恐懼的角度入手，我們可以更細緻地看到，「新異」二字不單是指大的、可見的、明確的陌生事物；不單是生活中比較重大的改變和其他容易辨認的新異事物。像一個孩子第一次踏進幼稚園，第一次置身在陌生的環境中和陌生人相處。

第四節　外向的孩子內心更有安全感

　　醒目的新異恐懼更可能引起家長的注意，也更可能得到有心的照拂。比較嚴重的是，新異恐懼滲透在一個人的每一個毛孔、每一個意外事件、每一個需要額外對付的挑戰中，不管多麼微小。比如，向老師報告小朋友搶了自己的玩具──都因為帶有常規行為之外的新異特點而讓孩子深感恐懼。如果僅從誰能在陌生的環境中更快地適應，誰能在表達自己的挑戰中減少情緒障礙，來界定一般意義上的內向、外向，那顯然外向的孩子大多能減少新異恐懼。

　　焦點也許就在於，外向的孩子相對外部世界能更少體驗到恐懼。「識不足則多慮，威不足則多怒，信不足則多言。」這說明一個人的外在表現，往往是他內在狀態的外顯。正如同，一個人的情緒，有時可能是他心理條件的外在反映。既然我們在可見的體態和體能上有明顯的差異，那麼在不可見的心理狀態和心理特質上也都可能存在顯著差異。這並不是說外向的孩子如果能減少恐懼體驗，就意味著他有更強大的內心。關鍵是這一點說明了什麼，他為什麼更少感到新異焦慮。

　　這可能是個複雜的問題，拋開遺傳因素和環境因素，單從能提供借鑑意義的心理角度上說，一個性格特別外向、減少新異恐懼的孩子也許有更強的鈍感力，自我感覺更好，對外部世界更少抱有預設的區分和排斥。

　　外向的孩子更不刻意敏感，尤其是對環境中的危險和敵

第四章　外向：一種更受歡迎的性格特質

意不會刻意敏感。和抑制型兒童不斷尋找危險訊號不同，在進入新環境的起始，他就抱著更開放、更自然的態度，而不是出於恐懼而對立、有意地挑選、評判，進而對某些人、某些情境旗幟鮮明地關上大門。他的態度作為和環境相互作用的一部分，可能緩和而不是刺激危險和敵意。

在眾多的童話故事中經常會出現一個意象，當青蛙、野獸得到真愛之吻，它就得到了解救。從被施了魔法的動物變成了英俊的王子。事實上，我們可以從中看出「接受」的力量多麼巨大。有時「接受」不僅化解了危險和敵意，還能與雙方形成幸福的互動。它讓醜的變美了，讓危險的變平和了。

從這一點上說，一個不會刻意尋找危險訊號的非抑制型兒童，他從環境中也會因此得到更多的正面回饋。這反過來更加鼓勵他的外向傾向。

新異焦慮的問題是，它會在內心感受上得到分化和複雜。一個孩子單純針對陌生環境和陌生人的恐懼焦慮，隨著年齡演變會演化出許多心理分支，甚至有可能影響一個人的價值觀，極大地束縛了人的發展。但到了那時，卻很難辨別出它的原型了。它會讓我們誤以為這是理性的焦慮。

作為一個成人，他在做選擇的時候，如果前怕狼後怕虎，習慣於找出和想像危險因素，他以為他是謹慎的，但這卻很可能只是新異焦慮的成人化表現。

第四節　外向的孩子內心更有安全感

新異焦慮的特點是將最大的精力聚焦於最小機率的危險因素，並根據這種小機率的危險事件，做出生活大方向上的判斷和選擇。如果一個人的精力都集中在感受和想像危險的、不堪的狀況上，他的心理狀態一定傾向於不穩定、缺乏安全感。

在孩子身上，如果一個孩子他心中恐懼，對危險過於敏感，也就是說，對孩子來說最重要的安全感是不足的，這種狀況下他是否還有心情坦然地呈現自己？

外向的孩子，就一般觀察到的情況而言，他對外在世界的興致，他對自我的坦然感，無一不表現出，他的內心經歷了相對更少的恐懼。不要小看這種恐懼，它折射回來就可能成為挫敗感。想想你所恐懼的事物，對自己總是帶有挑戰性和威脅性，可以說雙方是一種力量的對壘，而難以克服的恐懼就容易成為心頭的挫敗。

從新異焦慮的角度看，外向的孩子因為沒有表現出太多對陌生情境中危險因素的關注，對危險和危險造成的挫折缺少深度體驗與想像，因此在心理體驗上一定會享有更多的安全感。這種危險，不只包括真正的危險，還包括所有讓焦慮者感到挑戰和威脅的日常挫折，比如，他人的態度、他人偶爾語氣的粗暴。

第四章 外向：一種更受歡迎的性格特質

● 第五節 外向的優質與劣質

　　雖然外向往往被當作一種好性格備受歡迎，但也可以聽到不同的聲音，有的人明確表示不喜歡性格過於外向的人。給出的理由是性格太外向的人太鬧了、太搶風頭了，或者還有其他說不清道不明的原因。這可能確實不是一下子就能搞清楚的問題，尤其是它只是一種感覺。

　　在對外向的描述中，經常出現的詞有「開朗」「活潑」「健談」，最明顯的特徵通常是他們喜歡和人交往。但在日常生活中，似乎存在一種現象，因為很多人並沒有對什麼是外向有一個清晰的定義，所以有時它只是一種混合的感覺。在這種感覺中，只要是樂於表達，樂於和人打交道的性格特質，都有可能被歸為外向。

　　但顯然，同樣是性情表現外向的人，給我們的感受卻不同。有的人溫暖有趣，有的人卻只是讓人感到聒噪和被他的性情掌控。他似乎過度地使用了外向的支配力，對不管是人際資源還是情緒資源有過多的侵占。這說明外向和外向也是不同的。

　　人們感受到的外向的共同特徵大致只是在兩點上，一是和人交往的意願；二是社交能力。而擁有這兩點性格特質的

第五節　外向的優質與劣質

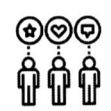

人，卻可能在其他的性格特質上相去甚遠。

我們在日常生活中是怎麼從帶有外向傾向的性格表現中，區分出攻擊性、侵略性、過度控制他人、支配他人、無視他人的性格特質的？並不是內向傾向就不會有這些特質，而是這些特質在未加區別的認知中，有時容易和外向的特質混淆，那就是在人際關係上既有接觸的意願，又似乎很有社交能力。

怎麼評判，要看個人對此的出發點是什麼。如果以利益、適應為出發點，只關注擁有外向特徵的人是怎樣在人際關係中更適應、更能爭取個人利益的，那也許就很難辨別出類外向行為可能存在的負面特質。

分享性的外向：外向作為一種性格傾向和特徵，並不能包括一個人最重要的基本性格。不管是內向還是外向，都可能擁有諸如善良、真誠、友善、善解人意這些優良的品格。而這些優良的品格就像一個人性格的基石，當它透過外向的性格特質外在表現出來，它強化了外向的魅力。它甚至能造成一個分寸感的作用，在人和人的交往中讓一個外向者的外向恰如其分。

他所擁有的優質的基礎性格，讓他的外向具有了一個重要特點，那就是分享性。靠近他的人，都能從他外向的心理資源——他心境的愉快、平和、自我感覺良好中分到一杯

第四章　外向：一種更受歡迎的性格特質

羹，讓他內心中的光亮也能普照到他人。

他的愉快具有感染性。有一個失誤就是，我們在強調性格的活潑開朗時，往往容易假設所有的活潑開朗都有感染力，都能在所在區域形成情緒上的正向波及，都能帶給人快樂。但事實上，並不是所有活潑開朗的外向性格都會讓人愉快，只是有一部分如此。待在有些外向的人身邊，我們被感染的可能不是他的好情緒，而是他過於不加節制的情緒興奮性，加重了自己的壞情緒。

優質的外向性格，它的分享性正是來自「看到他人」的能力，兼顧的能力。他的分享不分對象，他外向性的強度和情緒的強度，有時是會隨著交往對象的性格和狀態有所調節。對這樣好性格來說，活潑開朗是他性格的基調，但同時並不是一幅不會變化的單調圖景。他的情緒表達會伴隨著對交往對象的理解、尊重和體諒，而有強和弱、動和靜的變化。

單向度的外向：曾經有人這樣傾訴，當學校裡開運動會，我坐在觀眾席上，有幾個同學就在我旁邊有說有笑，但我卻很想哭，我覺得很孤獨。不知道有多少人有過相似的經歷，你的不愉快和你的孤獨，不是因為周圍沒有歡樂的情緒來幫助你沖淡，而恰恰是因為別人太歡樂了、太合群了，但你卻被排斥在外，因為沒有能力和別人的情緒合拍，進不了這個圈子而感到焦慮和孤獨。

第五節　外向的優質與劣質

這不是看不得人好，也不是要把個人的問題推給他人。你自己不快樂，或缺乏在相應的環境中獲得快樂的能力，就不讓別人快樂了嗎？而是就外向的情緒感染力而言，有的外向給人的感覺——尤其是不那麼外向的人，恰恰不是一種愉快情緒的分享和傳播，而是一種情緒的壓迫，反而加重了他人情緒上的壓力。

這很像一個嘴快、話快、反應敏捷的人，跟他在一起，嘴笨的人幾乎沒有插嘴的餘地。因為你需要相對更長的時間來做出反應。而一個性情沒有那麼活潑開朗的人，也許同樣需要相對更長的時間來慢慢在適應中放開情緒，但他人太過活躍的情緒有可能對他心理上的適應和放開形成了截奪，讓他沒有時間調整，或者說沒有留給他表演的空間。

在負面性較強的外向性格中，有一個顯著的特點，就是以自我為中心。這是單向度的外向，也就是說，在這種所謂的外向中，互動的意味並不強，這更像是一個人的自我的獨立展示。他的想法、他的情緒，並不是傳遞給他人，然後保持關注他人的回饋，他只是表達自我。他這樣的自我也許是很有魅力的，但和分享性的外向相比，卻有更濃的排他意味。這倒不是有意的排他，而是以自我為中心的特點，會自發地篩選出情緒合拍的人，形成一個自己的情緒分享圈子。

第六節　強行外向：
為了外向而外向的心理

外向一般被認為是一種性格優點，所以不乏有家長試圖強迫有內向傾向的孩子外向。甚至孩子自己到了一定的年齡，對於什麼樣的性格更受認可和歡迎有了認知後，會自己強迫自己練習外向。

這樣做的優勢清晰可見，比如，練習更勇敢地表達自己，而不是把很多事情和感受悶在心裡；交到更多朋友；從限制自己的恐懼中掙脫出來。它在外部行為上的有效性，在某些孩子身上是可以清楚觀察到的。

人們最直觀的印象是孩子變得開朗了、外向了，但是有沒有人去問過孩子他在強行外向的時候是一種什麼樣的內心感受。一個進入青春期的孩子，他對自我已有了較多的認知和感受，當他主動強行外向的時候，他能對自己內心的體驗有較深刻的感知。

有人談到自己在中學時代強行外向的心理經歷時這樣說，他永遠記得那種痛苦，想說話卻不好意思說，內心總是處在掙扎和害羞的不良體驗中。而強行外向的結果是，在經歷了內心痛苦的掙扎後，他的確交到了更多的朋友，突破了

第六節　強行外向：為了外向而外向的心理

自己，聽到別人欣賞他性格開朗也感到開心，達到了自己想要的效果。但是他卻感到很累，就像灰姑娘光彩奪目的舞會行頭，都是假的，只能堅持到午夜十二點。

在假裝開朗、強行外向的過程中，他感到的不是快樂，而是堅持一種自己沒有的活躍情緒帶來的疲累。雖然好處是能很快就融入環境，在別人接受了「你性格特別外向」之後，順應這種印象也很容易建立起相應的相處模式。但是壞處是，在扮演別人的性格時，不僅容易心累，還容易因為心虛失去自信。

他經常想如果別人發現他真正的性格還會喜歡他嗎？想要突破自己內心中恐懼害羞的限制沒有錯，因為他想要表達自己，想要和別人交朋友，他有這種需求。問題也許出現在處理的步驟上，他在還沒有接受自己的時候，就強行修正了自己。

沒有接受自己，往往也意味著對自身某些妨礙自己的部分沒有正視和消化。比如，那些影響情緒的根本性問題——某種自卑、自制力差、缺乏對環境的掌控能力。而這一部分雖然被忽視了，但有可能始終影響情緒。從有的例子上看，孩子外向的能力是增強了，但他卻存在一種自我貶抑的傾向，會過度認知自己性格的不足。或者說在強行外向中，過度體會自己在這方面的無力。

關鍵也許在於發現影響情緒的性格因素，逐步緩和、消

除自我對立和自我排斥，從根本上培養外向性的情緒。

避免強化恐懼：強行外向有時具備突破性格局限的正面意義。但在這個過程中，需要注意的是盡量不要只強調行為，而放棄了內心特質的基本塑造。畢竟行為是內心的一種表現。

在對社交焦慮的研究中，研究者發現，社交焦慮者往往對所進行的談話沒有信心，通常都是附和、重複對方的話。並對社交存有一種自我挫敗傾向。那麼，其實從中可以分析出這種焦慮的來源。一個是社交本身讓他害怕；一個是當一個人不得不去做他不擅長的事時，不管是因為外界要求的迫使，還是自我需求的迫使，「迫使」本身就能強化已有的恐懼。「迫使」要求他高度注意有挑戰性的事物，迫使他必須面對自己的弱點，並對此做出反應，這本身就讓人焦慮。

如果一個人社交恐懼，但並沒有什麼強迫他非得社交不可，他是沒有過於焦慮的理由的。焦慮就在這種不得不做、卻自感沒有把握的挑戰性中產生。

因為「迫使」已經在心理上讓人體驗了不留餘地的緊張狀態。可以假想，當一個孩子被逼著外向的時候，他將面對著雙重挑戰。一個是對外向表現的恐懼；一個是在強行外向的過程中被迫的恐懼。有時這可能助他一臂之力，有時卻要小心，在他沒有做好準備的時候，反而弊大於利，摧折了他的心理動力。

第六節　強行外向：為了外向而外向的心理

最需要關注的是，強行外向是否不只是強化了他的外向性，他內心的狀態是否也有相應的變化。行為外向實際上只是加強了恐懼的體驗，比如，情緒過於激動，起伏大；外表陽光，但實際缺乏信心，不敢堅持自我；在社交中表現忽而外向忽而內向，外向性的表達不夠自然。這種不穩定的性格表現，可能和強行外向的過程中，只注重表面的外向，卻不從根本上注重內心的外向性塑造有關。

如果強烈的恐懼體驗一直都在，內心沒有掃清恐懼而獲得真正的坦然，外向性就只能像物體表面刷的一層金漆一樣。

培養坦然的情緒：一個青春期的孩子，出於個人的意志想要讓自己變得更外向，在強行外向時，仍然存在不小心形成某種扭曲的可能。因為這時他對自己是什麼樣的性格，為什麼缺乏外向感，應該從何種地方著手才能根本而自然地增強自己的外向表現還不太清楚。

對兒童來說更是如此。這並不是說就不應該培養和鼓勵孩子的外向感，從某種程度上說，心態的坦然可看作外向的門檻。一個常見的現象是大人自己經受不住孩子成長的煎熬。看到孩子在外面膽小怯懦、唯唯諾諾，一般人是受不了這種狀況持續存在的。大人想要的是即刻解決、即刻見效，立刻把這個堵心的疙瘩解開。

第四章　外向：一種更受歡迎的性格特質

　　最好是經過一番簡單的說教和鼓勵，孩子自己就能有所改變，並外向起來。至於他為什麼害怕，為什麼害羞，有時我們並不想深究。但是，如果過於粗暴和專橫地強迫孩子表現外向，對有些孩子來說，可能造成的是相反的作用──破壞了他本來就不充分的安全感。他的恐懼和害羞並沒有得到舒緩，卻會因為新加了一項挑戰和感到自己新的缺陷，更加失去內心的平衡和坦然。

　　給予一個孩子充分的安全感，並允許他接受這種來自外界的安全感逐漸發展為可對自己坦然接受，不管他以後的性格是外向傾向多還是內向傾向多，他的自我感受和性格表現也許比單純的強行外向更舒服、更自然。

第五章
既內向又外向：
孩子普遍的性格特質

第五章　既內向又外向：孩子普遍的性格特質

● 第一節　孩子性格的求同性

在生活中，很多孩子並沒有表現出明顯的內向還是外向的性格特質，你會發現很難用內向或外向來形容他們。內向、外向作為人們對性格特質的一種特殊關注和知覺，似乎在某種程度上可以代表人們的某種內在心態。

我們作為群體動物，在衡量其他人在群體中的適應度、適應能力時，往往比較直觀、簡易地運用內向和外向這個標準，以此作為對其他人適應度的評定。顯然，內向、外向都具有突出的特點，幾乎處在適應度的兩端。一種性格特質被認為存在潛在的適應難度；一種則具有為人稱道的良好適應性，甚至是支配力。這兩者，一個以略有貶低之嫌的方式被注意到，一個以為人稱賞的方式被強調。

而多數談不上內向或外向的孩子，他可能既不會像典型的外向者那樣，有強勁的交往能力和情緒感染力，也不會像人們印象中典型的內向者那樣，在人際交往中過於被動。換句話說，他在內向和外向的指標上沒有鮮明的特徵。或者說，這種趨於中間的性格表現，本身就是一種人際交往中性格能力的衡量標竿，一邊即是外向，一邊就是內向。

從某種程度上說，這也是被群體接受的標竿，因為他的

第一節　孩子性格的求同性

內外傾向恰到好處，引不起人們的特別感受和關注。對動物來說，不被看到才是安全的，一旦被看到就會有危險。

而據兒童氣質類型分類，顯然，內向和外向兼有的兒童，更接近緩慢適應型。

容易型：高度適應、積極緩和的情緒狀態；受到挫折時很少大吵大鬧。

困難型：缺乏適應性，情緒強烈，通常是負面的。

緩慢適應型：在新環境中不安、害羞，逐漸變得越來越積極和適應。

也就是說，這樣的兒童，在他的性格心理中，既存在害羞、退縮等特徵，但同時他也具有積極適應的能力。表現出哪些性格特質，是內向一些，還是外向一些，有時要看強化的條件。

在一般情況下，他的不安和害羞能隨著時間的推移、環境的熟悉，迅速得到淡化，從而表現出對外部環境的積極適應。但有時，我們也看到有的孩子小時候大膽外向，在進入青春期後卻越來越表現出大人觀念中內向的傾向。也有的孩子小時候沉默寡言、膽怯退縮，長大了卻變得大方得體。

其實仔細觀察會發現，這兩個孩子在小時候性格中就包含了內向和外向兩種傾向。之所以有的在小時候表現出大膽外向的特徵，是因為在兒童期他性格中的簡單直率更適合兒

第五章　既內向又外向：孩子普遍的性格特質

童的表達要求。但隨著年齡的增長，他的簡單直率、不加修飾，不再適應新的表達要求，這自然會抑制他的外向，同時性格中的害羞也懵懂地褪去，對人的察覺漸深而表現得更明顯。

而另一個孩子，當他小的時候，兒童間的簡單直率對他的性格來說也許是粗野的，這讓他感到害怕。但是當他進入了青春期，同帶有成人感的同伴交往時，被要求更委婉，更強調趨同——也就是一致的價值觀和行為方式。於是，他性格中最主要的特點「求同」，讓他能更快、更無障礙地融入環境，這很好地平衡了他的膽怯和沉默。此時，讓他顯得外向的不是真的外向，而是求同的性格特質使得他如魚得水。他運用的不是個人的而是群體的價值觀，不是個人的而是群體的行為和反應方式。這意味著他個人的隱退，也意味著個人不再需要和環境單槍匹馬地對陣，不再體驗面對有挑戰的情境時，出現緊張、害羞、臉紅、自我抑制的情緒。

據研究顯示，至少在一定程度上，個人的害羞程度可以隨著時間而改變。當孩子們遇到新的環境、接觸新的人群時變化最容易出現。比如，他們的每次入學，或者轉學，或者上大學。為什麼在遇到新環境、新群體的時候，這種情況容易發生呢？我們是否可以就此推想，對那些內向或外向性格不是特別明顯的孩子，環境中會出現什麼樣的強化條件，強化了他性格中哪個比較重要的部分，也許對於他性格的發展

第一節　孩子性格的求同性

和走向有比較大的影響。

和純粹外向的孩子相比，這樣的孩子也許沒有那麼強的人際環境駕馭力。但和真正內向的孩子相比，他也許在對環境的接受度和融入環境的意願上，相對更高。可能就是因為這一點，環境中的強化條件對於他們性格的改變——或者說不是改變，是更深地發展哪個性格面向，即將哪個性格面向作為主要的性格表現尤為重要。

這些強化條件既包括環境跟個人性格的匹配度，環境給予的鼓勵，也包括個人在和環境的相互作用中，個人的某個優勢與強項得到環境的認可。這種認可有時能有效地削弱環境中的阻力。舉例說，在學校裡功課好的學生，可能在融入群體時遇到的自然阻力更小。他不太需要付出性格能力，就能自然而然地被接受。而被接受本身，反過來也可能強化他性格中外向的一面。假如他是個內向與外向兼有的孩子，他不再特別需要內向傾向的敏感去甄別環境中的危險因素；他將得到鼓勵，更有勇氣愉快地發展他的外向傾向。

第五章　既內向又外向：孩子普遍的性格特質

● 第二節　影響外向感的因素

　　一個孩子除非有明顯的內向或是外向的特徵，否則難以引起別人對他性格是內向還是外向的注意。但是，不管他是內向、外向，還是二者兼有，對一個孩子來說，在本質基本不變的情況下，外向感和內向感往往比較容易受到其他因素的影響。

　　所謂外向感，也許更通常的說法是性格開朗。為什麼一個孩子變得開朗了呢？最直接的解釋就是心情變好了，這並沒有什麼難以理解之處。一個人心情好的時候，愛笑了、脾氣好了、健談了，給人籠統的感受就是性格變得開朗了。

　　我們在養育孩子的時候，看到孩子一見生人就害怕、膽怯、不敢說話，有時不免又急又氣，這孩子怎麼就這麼怯懦呢？有什麼好怕的？我們跟他講道理，耐著性子鼓勵他，但很多時候失望地發現收效甚微。這時，也許要考慮改變一下策略，從忽略他的內心只關注他的行為，變為不再把內心的問題丟給他一個人，不再讓他一個人從暗黑的內心恐懼中獨自走出來，而我們只是在外面招著手假裝看不見這一切。

　　和孩子的內心接觸，不是只要他外部的行為達到我們的期許就萬事大吉了。相反的是，外部的行為也許才是應該暫

第二節　影響外向感的因素

緩考慮的事。那是耕耘之後的收穫，先需要深耕的是孩子心中的自我感。

心理學家曾提到一個概念：刺激的泛化。這有助於解釋為什麼人格特點會有跨情境的泛化。一個孩子由於對親戚的禮貌行為而被誇獎，大概對新的陌生人也會有禮貌。禮貌行為從親戚的刺激泛化到新的、陌生人的刺激。

如果我們借用一下這個概念，影響一個孩子外向感的東西，也可以認為是一種幸福的、良好的自我感的泛化。他今天得到了教師的表揚，或者在和小朋友的交往中獲得了良好的體驗，那這種從內心中感受到的更好的自我，也許會從學校裡的表現泛化到在家裡的表現。媽媽可能發現他突然變得更願意表達和聽取了，更通情達理了。這一點也類似於阿德勒提到的「當兒童對某一點有自信時，比在其他點上刺激他要容易得多」。

這種泛化的基礎，從一種刺激激發出連續的、在其他方面的同性質的刺激是內心的觸動。不觸動他的內心，幫助他的內心，只是從外部要求他，那就容易出現撥一撥動一動的局面。只能一種行為一種行為地去矯正，今天叫他見了阿姨要打招呼，明天教育他被同學搶了橡皮擦要告訴教師。但是，正如心理學家所認為的，「如果在學前期，兒童的每一個正確的發音都必須得到強化，那麼他們永遠也學不會說話」。

如果一個孩子的行為全部靠外在的「必須」和「強化」，

第五章　既內向又外向：孩子普遍的性格特質

而全然不顧他的內心狀況，那他會因為得不到內心的觸動，而無法喚醒自發性，無法將得到的良性刺激泛化到生活中的其他方面。

與其強迫一個孩子在行為上外向，強迫他開口和人打招呼，更多地表達自己，不如先行觀察一下，是否需要克制父母自己立刻就要見到教育效果的熱情，而返身呵護和培育孩子內心的沃土。

安全感導致外向感增強：我們可以想像，當一個孩子內心所需的安全感得到了充分滿足的時候，他和環境的關係是什麼狀態。是像一片向內捲曲、不肯展顏的葉子，還是舒展開全部的線條，在環境中盡情綻放的花朵。

當他的安全感不足時，他總會部分地去尋找和感知環境中的危險因素、不友好因素、相異因素，並容易抱著向內的防守姿態，對所有感知到的對立因素持保留態度。如果他的內心安全感是充足的，那他和環境之間的融合就相對有更少的阻力。他沒有和環境對立帶來的壓力，所以表達更順暢；也因為沒有過度感受環境中的不良因素，對環境的接受就更容易。

這種外向感，展現在兩方面的心理狀態上，一是表達自己；二是接納環境。安全感充足，就會減少和環境的對立，在表達自己和接納環境這兩方面，掃除來自自己內心的障礙。

第二節　影響外向感的因素

被喜愛導致表現信心增強：喜愛和愛雖然看起來相似，但在我們的心理體驗上也許還是存在著一些差異。愛，有時是深沉的、非情緒性的，不一定能表達出來；就算表達出來，表達不當也不一定會被接受。

喜愛卻不一樣，想一想吧，喜愛這種感情是帶有喜悅、喜歡的愛，經常是表達出來的愛、是帶有正面情緒的愛。這種愛在正面情緒的助推下深入兒童的內心，對兒童來說這不僅是一種被辨識出來的愛、一種帶給自己正面感受的愛，更是對自己無言的肯定和認可。

當兒童感受到來自外部的喜愛時，就好像有一雙熱情友好的手從外部伸向他，幫助將他拉出孤立的自我。他受到被認可的鼓勵，增強了信心，啟用了動力，更樂意表現自己。無論是他對自我的感覺，還是對外部環境的感覺，通常會更友好、更少彆扭的態度。

氣質相似導致適應性增強：不管是成人還是兒童，和環境的對立、相異，通常會在一定程度上影響他的外向傾向。這樣的對立和相異，或者是來自自身，或者是來自不適合的環境。但不管是因為什麼，都勢必增加了適應的難度。而難度本身就會對人造成不同程度的壓力和抑制。

在氣質吻合的環境中，意味著一個兒童不必經過艱難的觀察、學習來笨拙地修正自己的性格和行為表現，而學著掩

飾、修改某些天性中的特點;同時,還要學著用環境要求的表現方式來表現。而這對他幼小的身心來說是艱難的、不一定適合的。在這樣磕磕絆絆的修正和學習中,他也必然是難以從內心綻放的。

如果環境和他的天性是吻合的,他的天性被允許比較全面地展現——這並不是說他就不再需要完善,而是能在積極主動的情形下完善,是自然的完善,是不會打擊外向性的完善——他的適應性就能增強,和環境的相處更融洽,這有益於外向性的開放。

第三節　影響內向感的因素

名著《簡愛》(Jane Eyre)據說是作者本人的半自傳體小說，其中有哪些是作者的親歷，雖然難以查證，但卻帶著作者性格的影子。小簡愛父母雙亡寄養在舅媽家裡，她飽受著心靈的痛苦。表哥欺負她，舅媽非常討厭她。一方面是因為她毫無財產，寄人籬下；另一方面是因為性格，表哥稱呼她為憂鬱小姐，舅媽覺得她陰鬱、鬼鬼祟祟，希望她性格開朗坦率一些。

簡愛自己也察覺到她在舅媽家裡就是個異物，她跟誰都不一樣。並且如果她活潑頑皮一點，外向一點，她的表兄妹會對她真誠友好一些，她的舅媽也會更容忍她的寄養。

但是她外向不起來。她看到表哥的凶殘粗野、舅媽的自私，無一不提醒著她，他們和她在脾氣等諸方面都是相反的。她表現不出外向，她不想和他們交流；而他們也不喜歡她這種不開朗的個性，也許他們感到了她對他們的排斥。

如果簡單地看待內向表現，可以看作一種不想深入交往的想法。像童年簡愛，她不想把她本質而珍貴的一面展現給姨媽和表兄妹看；同時，她也無意識地表現出對他們有限度的接受。

第五章　既內向又外向：孩子普遍的性格特質

她在和他們的相處中，表現出的不是內向的性格，而是容易讓別人誤以為是內向的內向感。這種內向感，就是想要關閉部分交往的大門，不樂意過多地展現自己，不敢展現自己，或者是在某種情況下習慣了、受到打擊了。它有些趨近於某種被動的防禦，就像對社交焦慮的研究中發現的，社交焦慮者懼怕別人的負面評價，他們不想與人深入交流，顯然也是一種防禦。

從這一點著手，能看清內向感一個重要的特點：內向的人對外界有威脅性的，或者他認為有威脅性的人或事物，沒有掌握相應的應對方式，不知道該怎麼辦好。他們只能透過被動的半閉上交往的大門來保護，或者說試圖透過有限度的交流和威脅劃清界限。

恐懼導致內向感增強：在自然界中，一條蛇盯住一隻小鳥，小鳥會被嚇得不能動彈，喪失逃跑的能力。這幅畫面以極端的方式展現了極度恐懼的情緒是怎樣讓一隻動物失去自主能力的。人的內向感，或許也帶有相似的性質，當恐懼增強的時候，有些人就可能部分地喪失自主能力。

社交焦慮者在談話的時候習慣附和和重複對方的話，這也可以看作在焦慮恐懼下自主能力不能得到充分發揮的表現。他真實的感受和想法都沒有辦法自主地表達出來。或許可以這樣說──不受控制地附和和重複對方的話，也是受控的一種表現。

第三節　影響內向感的因素

我們經常可以看到，被家長大聲喝斥、一再因為某事被責罵的小孩，經常出現一種狀態，那就是像喪失了部分意識一樣的呆滯。越責罵他，他越錯得厲害。越盯著他彈錯的音，他越是一再把這個音彈錯。還有的小孩在責罵下，雖然不斷地像改錯一樣重複做被要求做卻沒做好的事，卻表現出機械感。類似於社交焦慮者重複對方的話，兩者都帶有自我表現被恐懼挾制、難以伸展的本質。

就恐懼可能造成行為上的機械、自主活力的削弱而言，嚇唬孩子、羞辱孩子、無視孩子的恐懼，恐怕會讓孩子表現出更多抑制性的內向感。這也是為什麼在孩子還沒有產生外向的自發性、沒有做好準備的時候，強迫孩子外向起來，強迫孩子對欺負自己的孩子說不，強迫孩子大起膽子口齒伶俐地溝通和捍衛自己的利益，有時卻適得其反。他非但沒有變得外向，反而怯懦了。

真正希望孩子增強外向感，也許應該把重心放在幫助他減少恐懼、增強信心上。

不被接受導致表現信心下降：對社交焦慮的研究顯示，社交焦慮者會對自己糟糕的社交有一種預期，並存在自我挫敗傾向，比如，容易認為自己不受歡迎。那麼，就像做其他的事情一樣，如果你從一開始就對一件事情不抱有信心，那你就很難發揮出你全部的能力。如果你認為自己不受歡迎，那麼你的魅力表現就會大打折扣。這就像一個手電筒，電不

第五章 既內向又外向：孩子普遍的性格特質

足的時候，光就不會很亮。

　　導致內向感增強的一個因素，是相似的信心缺乏。而這種信心缺乏，不能簡單地認為是缺乏自信。因為自信的人也不是在任何情況下都是有信心的。在自己不擅長的領域或在和自己的氣質不相符的環境中，都容易對表現信心有影響。因此，社交焦慮者對社交的糟糕預期，他在社交上的自我挫敗傾向，全都是他個人因信心不足導致的想像嗎？還是他從以往的經驗、對文化習俗的了解中，預先感受到了不被接受的可能？比如，他的性格不符合當下對性格取向的價值標準，他的職業不符合當下對職業取向的價值標準。

　　就像一個兒童，他如果時時處處從別人的言語中感受到，自己不是有這個缺點就是有那個缺點，他可能一時還說不明白這種感受，但事實上他感受到的不被接受也等於是逐漸培養他的負面預期——我的表現將會是很糟糕的。結果就可能像社交焦慮者表現出來的那樣，在他表達之前，他的信心就被削弱了。同時，表達自我的能力就已經部分地被抑制了。

第四節　內向還是外向，部分由環境匹配度決定

心理學家曾提到一個觀念：良好匹配模型。根據這一模型，一個孩子在學校裡表現得如何，部分取決於學習環境與這個孩子的能力、特點和行為風格匹配得如何。換而言之，如果一個孩子的性格氣質和他需要完成的任務、需要適應的環境不匹配，他就更可能遭受性格上的挫折。比如，容易分心的孩子，在面對那些需要長時間集中注意力的作業時，就會感到非常困難。

在某些情況下，這會成為惡性循環。越不適應，自我的否定和來自環境的批評會越多。如同心理學家談到的，這樣的自我批評和外在批評會強化孩子的負面自我評價，導致自尊心下降。

氣質和環境的不匹配，在波特萊爾的詩歌〈信天翁〉中有特別生動的展現：

水手剛把牠們（信天翁）放在甲板上面

這些笨拙羞怯的天空之王

又大又白的翅膀

就像雙槳一樣拖垂在牠們的身旁，多麼可憐！

第五章　既內向又外向：孩子普遍的性格特質

　　這揹著翅膀的旅客，多麼怯懦呆滯！
　　本來那樣美麗，卻顯得醜陋滑稽！

　　在這首詩歌中出現了幾個詞和兩組對比，應該特別引起關注：笨拙、羞怯、怯懦、呆滯；天空之王對應拖垂無用的翅膀，本該擁有的美麗對應現狀的醜陋滑稽！

　　這就引申出一個問題，一個孩子為什麼會笨拙、羞怯、怯懦、呆滯。是他本性如此，還是在特定的環境中如此？如果環境不同，他是否會有不同的表現？如果是，是這種環境中的什麼因素讓他感到羞怯、內向？

　　一個孩子曾說，他害羞是因為周圍人的行為讓他害羞。比如，一個阿姨緊緊地盯著他問：「考試考得怎麼樣啊？這次考了第幾名？長得越來越壯了，不能吃太多，胖了不好看！」孩子感到很害羞，但他並不是因為自卑而為自己感到害羞，並不是因為自己的成績一般、自己有點胖害羞，他害羞是因為這個阿姨的語氣態度中，帶著誇張虛假的熱情和肆無忌憚的評價。他不知道應該怎麼辦，怎麼回應。含羞草被人一碰葉片就會合上，是為了自我保護，那麼他其實也是。

　　在性格氣質不匹配的環境中，有時是包含了價值觀、行為方式的不匹配，大家強調的價值點不一樣。像心理學家指出的那樣，在強調整齊劃一的幼稚園裡，多動的孩子顯然會遭遇更多困難挫折。這些困難挫折，就像阿姨的盤問。無所

第四節　內向還是外向，部分由環境匹配度決定

適從、感到害羞的孩子，就在不匹配的價值觀和行為方式帶來的對立中成長，不匹配往往暗含了矛盾和雙方對彼此的否定。

當信天翁被水手抓到船上，它一從天空落到甲板上，它那和風暴抗衡、引以為傲的翅膀，居然成了多餘可笑、讓它的步態更加笨拙的累贅。這一點很重要，也許我們應該好好審視一下，我們自身那些被視為累贅的性格特點，在生活中拖累了我們的是不是只是因為沒有找到合適的用武之地？

而更重要的是，觀察到一個小孩的怯懦、害羞，需要區分他是天性如此，還是不匹配的環境激發和加重了這種表現？也就是說，他是可以美麗的、外向的，可以有天空之王風采的，只是因為在不匹配的環境中，翅膀變成了累贅。或者說，潛藏在他怯懦背後的性格原因是否也可能孵化出一對迎風飛翔的翅膀。

關於安徒生的童話《醜小鴨》(*The Ugly Duckling*)的故事一直有些爭議，其中被質疑最多的一點就是，醜小鴨自己什麼都沒做、沒努力，就憑著它天生是一隻天鵝，擺脫了自卑感過上了幸福生活，這有什麼借鑑意義呢？

但是，如果從另外一個角度看，結合作者本人小時候被嘲笑的經歷，完全可以看出，這其中涉及人和環境是否匹配這個主題。而且，對於遭到環境的唾棄和排斥的主角，故事

第五章　既內向又外向：孩子普遍的性格特質

明確指出了不是主角的錯。占主導力量的環境判斷也不都是對的，有時它也是刻板局限的。

但有啟示意義的是，醜小鴨不知道它和其他小鴨子不一樣，是因為它是一隻小天鵝，它醜不是真的醜，而是其他動物按照小鴨子的標準，認為它不符合一隻小鴨子應該有的樣子，所以認為它醜。當它不匹配環境，不符合環境加給它的標準，它就自卑了。假如它是一個孩子，誰也不能肯定它在這種打擊下還會是活潑的、外向的。它東躲西藏，為自己感到羞愧。可以說，這種不匹配性造成了它一定程度的自我收縮，以人的眼光看，可能會認為它害羞內向，直到它回到它的同類天鵝中去，它才重新抬起了頭。

有時在不匹配的狀態下，優勢得不到認可，劣勢卻被放大，一個孩子「展現自我」的狀態就容易受到抑制；而在匹配良好的情況下，兒童容易建立自我價值感，那麼相應而來的，就是外向性的、開放自我的興致和安全感。

雖然在生活中，我們很多時候無法挑選環境，總會碰到和自己的性格不匹配的情況，但也仍然要保持平衡的心態，全力以赴地達到較好的磨合狀態。而知道這一點，起碼可以在努力適應的時候更容易一些。如果你知道，有些挫折並不完全是自己性格的錯，就會減少不必要的自己對自己的過度否定。要知道，自己對自己的不恰當批評，也是會影響外向性、影響和環境融洽相處的。

第四節　內向還是外向，部分由環境匹配度決定

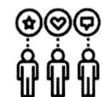

　　這樣做可以首先從自己內心這方面，驅除不匹配帶來的不適應和因不適應導致的內向性。

第五節　內向還是外向，部分由自我感覺決定

　　一個孩子的內向感被激發還是外向感被激發，雖然部分是由環境的匹配度決定的，但他個人的感覺，他的個人價值感，他對自我的一種模糊的信心和評價，也會造成部分作用。

　　人們對同樣的環境壓力反應不盡相同，除了其他因素，我們經常還會把這種差異歸為性格的差異。而這種性格差異中，有一項就是對外界評價的反應差異。有的人一輩子受制於別人的評價，他的許多取悅行為都是為了讓別人誇自己。那麼反過來一旦受到別人的否定和攻擊，就會極大地打擊自己的信心。而有的人，恰恰相反，他並不是那麼在意別人的評價。你會發現，這是基於他對自己有篤定的認知和基礎的信心。

　　這就出現了一個關鍵問題，尤其當自己和環境不匹配——不符合環境的價值評價要求，一個孩子會對此有何反應？是深感羞愧、自卑、受到打擊一蹶不振、束手束腳起來，將自己暴露出來的某個弱項泛化為對自己整體的否定，還是能對自己有較穩定的把控，只把這個弱項看作整體自

第五節　內向還是外向，部分由自我感覺決定

我、一個有強有弱的自我中不可避免的弱點？

為什麼面對同樣的批評、同樣的失敗、同樣的環境負面回饋，孩子們的反應並不一樣，有的可能從此有了自卑的心病，有的卻很頑強。而同一個孩子對待不同的負面回饋也會有不一樣的反應，有些批評讓他滿不在乎，有些卻讓他深感羞愧。

弱點泛化：當一個孩子在玩遊戲的時候，被同伴譏笑太笨了。他通常可能有兩種反應，一種是在同類的遊戲中不太自信，有些緊張；一種是在生活中其他的事情上也開始不自信，懷疑自己是個笨蛋。

前者在對待來自環境的評價時，並不是全盤接收，但會不知不覺被這種評價左右和控制。他對自我的認知和判斷，就是一條分界線，可以區分出外在評價的影響範圍。

後者卻容易把他在某件事上表現出來的某種弱點，以偏概全地認定自己是個什麼樣的人 —— 我打球太笨了 —— 我很笨，然後從這個對自我的認知中心出發，每做一件事都會觸發這個認知，我能做好嗎？我看起來是不是很笨拙，別的同學會不會嘲笑我，在缺乏信心的情況下，很可能真的笨拙起來，這又反過來印證了我很笨的認知。這樣的循環容易引發內向性傾向，這種傾向至少存在於某一部分性格表現中。

在對低自尊的研究中，我們也許能從中得到一點啟示，

第五章 既內向又外向：孩子普遍的性格特質

為什麼有的孩子受到一點貶低，就這麼容易把這種貶低擴大成對自我的否定。

低自尊者更容易相信符合其負面自我形象的回饋。

負面回饋引發了對相關的其他負面想法的聯想，讓低自尊者想起自己的其他錯誤和缺點。

並不是說具有這種特點，就是低自尊者，但從這兩點描述，我們或許可以反觀，有些孩子容易把弱點泛化、把批評泛化，是否也有這樣相似的特點。比如，在心中因信心不足，事先有一個負面自我形象；對經受的挫折失敗有負面聯想，甚至負面想像，強化了外在的批評帶給自己的感受。

換而言之，和那些不會把單個的批評、某項性格能力的批評，泛化成對自己整個人的批評的孩子相比，他們的區別就在於誰對自己有更多替代性的支持評價。

外在批評吻合內在批評：在對社交焦慮的研究中，有一點讓人感興趣，社交焦慮者之所以在社交談話中呈守勢，表現出不想深入談話的樣子，是為了逃避他人的負面評價。這就存在一種可能性，他預先就準備逃避是因為他認可可能出現的負面評價的價值觀。

也就是說，他自己也認為社交能力是重要的，羞怯、拘謹、口齒笨拙是比較嚴重的缺點。當別人批評他的時候，不管是不是直接把這些特點指出來，還是以其他的理由表達對

第五節　內向還是外向，部分由自我感覺決定

他社交性格的批評，他都沒有任何內在的力量來駁斥，或者說捍衛自己。因為他自己也是這麼認為的，這就讓他只能被傷害，就像一個沒有自衛能力的人。

從這一點也可以看出，為什麼有的孩子，你說他懶他並不以為然。這是因為，第一，在他的價值觀排列序列裡，「努力」並沒有排在很重要的位置。他不看重努力，就如同一個人根本不看重社交能力，那他也就相應地不太在意自己在社交能力上的匱乏。別人對他社交能力的負面評價相應也就沒有那麼大的威力。

第二，外在評價中透露出的價值觀並不和他的價值觀吻合。他可能不但覺得努力不重要，而且不認可懶惰就是了不得的缺點這個價值觀。所以，你可能就這一點批評他無數次，但對他的自我感覺沒有實質性的影響。

但如果反過來，他對自己的懶惰深以為恥，他認為努力很重要，並認可懶惰是可恥的，那當有人這樣批評他的時候，就可能對他產生比較重要的影響。這時，他再也無路可逃，找不到任何支持和防護——起碼在這一點上，來抵禦不良的自我感受。

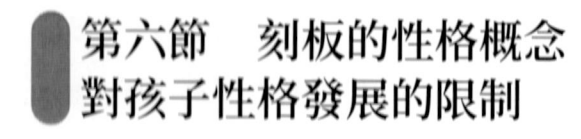

第六節　刻板的性格概念對孩子性格發展的限制

如果我們對那些經典兒童文學塑造的兒童形象或擬人化的動物形象，以內向還是外向來進行性格歸類，是否可以做到？誰能說湯姆索亞、皮諾丘、小美人魚是內向還是外向。提到湯姆，他活潑調皮；皮諾丘，他撒謊不聽話卻仍是個好孩子；小美人魚，充滿愛的犧牲精神。有人或許會說，這都是虛構的形象。但是，這種虛構的形象，是經過發現、提煉並塑造出來的，在某種程度上，不失豐富的啟迪性。

這並不是說，我們就一定要脫離現實環境對我們提出要求，畢竟有良好的溝通能力、情緒表達能力，這些被一般籠統歸為外向的性格特質，對於一個孩子的良好適應、身心健康是件好事。問題是，與其完全把目光集中在孩子的性格是內向還是外向上，並貿然直接地對其進行改造，將是件傷筋動骨的大工程。不如順勢而為，順著孩子的個性優勢和個性特點發展他的外向性。

試圖簡單粗暴、一勞永逸地去除我們認為有害的性格特質，比如內向的性格表現，也會同時冒著失去他獨特發展優勢的風險。而失去獨特發展優勢，很可能會跟在別人後面亦

第六節　刻板的性格概念對孩子性格發展的限制

步亦趨，失去自我價值感，反而可能助長了其內向性。畢竟別人的衣服再好看，穿在自己身上也不一定合身。

需要我們加以思考和觀察的有以下三點。

簡化的壞處：簡化孩子的性格特質，將其簡單地分為兩個類別，性格內向的和性格特別外向的；與淡化對性格內向和外向的關注，轉而放在引導孩子的外向性上。哪種情況會更讓我們尊重孩子的天性──也就是看到他更豐富的性格呢？

顯然，如果著重以內向、外向的簡單分類來看待孩子的性格，我們很容易就會只關注和內向、外向相關的性格特質。而這對於一個真正的、活生生的孩子來說，是遠遠不夠的。因為這可能讓我們錯過他最重要的、最有獨特性的核心性格特質。

也就是說，我們可能根本就沒有了解一個真實的孩子。而人們常說，真正的情感聯結，都是建立在真實自我的基礎上。如果我們連孩子最真實的樣子都不了解，何談建立好的親子關係。這一點在孩子小時候也許還不明顯。在進入青春期以後，父母與子女之間很多矛盾的爆發，都和父母緊緊抱著理想孩子的形象不放，也沒有放下身段了解那個真實的孩子有關。

這種衝突的根源之一，其實就是剛開始擁有了一點反抗

力量的孩子，不想再忍受加在他身上的刻板的理想模式，包括性格的理想模式。他天性中蘊藏的性格因子在要求發展的自由。

作為父母，是否真的認清了孩子的本真性情？

不能浪費孩子的性格潛質：我們是否想過，當我們習慣於簡單地將孩子的性格分為內向和外向兩類，在內向和外向兩大類別之下，還會分支出哪些重要的性格特質？這些性格特質又具有哪些重要的兩面性？

在內向標籤下的性格特質，害羞、拘謹、不善言辭是否是一個性格寶藏的冰山一角？如果經過正向地培養和引導，它是否會是「芝麻開門」一樣的寶藏鑰匙？同樣，在外向標籤下的性格特質，活潑、健談、樂於社交是否就毫無壞處？如果偏離了正向的引導，它會不會也有負能量的一面。

儘管大多數父母都希望子女性格平穩，而不是性格激烈。但激烈、高情感強度的性格，卻可能孕育出一個藝術家。「喜怒無常的藝術家則因靈感驅動的能量突發而大放異彩。」這倒不是說我們都可以放任孩子的性格了，而是說盡量不要輕易區分性格的好壞，更不要輕易把認為是壞的性格連根拔掉。

在不被讚美和認可的性格特質中可能包含著某種成就他的、不可或缺的東西。作為父母，也許就要像深海撈珠一

第六節　刻板的性格概念對孩子性格發展的限制

樣，冒著走出觀念舒適區的風險去探尋危險中的寶貝。這當然不如直接把這種性格特質抑制住來得省事，把其中包含的危險的、不良的和獨特的、珍貴的一併扔掉要容易得多。

而更好的做法是拋開刻板觀念，接受孩子真實的個性，秉持不浪費的原則，不浪費孩子已發掘和未發掘、被認可和不被認可的性格潛質。將孩子所謂負面性格中的正向特質培養打磨，讓其發展，是對負面性格中的負面特質一種相應的削弱。也許不必連根拔掉就能很好地共存。

限制性格，也會限制信心：如果過於強調性格內向、外向的這個面向，對內向傾向的孩子來說，是否會承受太多性格的壓力，導致自卑。難道一個孩子性格內向就一定會壓抑、不快樂嗎？還是當他認為只有性格特別外向才是最重要、最有價值的性格時，他才覺得不快樂。

在對自尊的研究中發現，高自尊者透過關注自己的優點而不是所犯的錯誤，對失敗做出反應。當告訴他們在一項任務上做得不好時，他們會提醒自己在別的方面做得不錯。這讓他們保持了良好的自我感覺，對待失敗也更有韌性。

同樣，如果我們能著眼於孩子更多的性格特質，就等於讓孩子擁有了更多對自己的性格自信和欣賞的點。「我可能動作慢，但我很善良」；「我可能課業成績普通，但我手很巧」；「我可能自制力差，但我有韌性」。這絕不是阿Q精神，

第五章　既內向又外向：孩子普遍的性格特質

　　這是一種對性格更全面的認知和有益健康的平衡。而找到這種平衡，並不是讓人滿足於平衡，而是這種平衡給了我們寬鬆心態，不至於被某項挫敗輕易打敗，能保持繼續前進的信心和韌性。

　　我們經常說要激發孩子的自發性、內驅力，而信心也是一種內驅力，信心也會啟用自發性。如果限制了孩子性格不同面向的發展，就可能限制他從不同性格面向中汲取信心的範圍。而信心是性格塑造中一項重要的力量。

第六章
正面的性格

第六章　正面的性格

● 第一節　什麼是正面的性格

在探討什麼是正面的性格之前,我們可以先來觀察一組兒童性格的對比。

在馬克吐溫的經典兒童名著《湯姆歷險記》(*The Adventures of Tom Sawyer*)中,主角湯姆其實還有一個同父異母的弟弟席德。從表面上看,或者說從對一個孩子的要求上來看,湯姆和席德,正好一個是「壞」孩子,一個是「好」孩子。一個調皮搗蛋、不愛念書,有一個「壞」性格;一個規規矩矩,乾乾淨淨,從來不惹是生非,有個「好」性格。

但是隨著他們的生活畫面在我們面前展開,我們不光看到了他們表面的性格,還看到了他們內心的性格。我們看到湯姆雖然頑皮、偷懶、不聽話,但他充滿了童趣,還有一副熱心腸和真摯的感情。而席德表面上又順從又聽話,背後卻小動作不斷,不斷地陷害湯姆。撫養他們的老姨媽似乎看透了這種表面性格,本能地更喜歡湯姆。

在這種情況下,似乎很難再用好壞來界定他們的性格。更準確的表述也許是誰的性格更正面,誰的性格中包含更多正向的因素。

有一點容易混淆的是,正向的性格和我們平時所說的性

第一節　什麼是正面的性格

格積極是有區別的。席德明顯比湯姆性格更正面——他更遵守規則，讀書更努力，更聽從大人的教誨，甚少惹是生非。對於外在的要求表現出更正面的興趣、更積極的配合和努力。這通常是我們在評價某人性格正面時感受到的性格表現。

而正面的性格涵蓋面更廣、性格特質更多樣和複雜。它的正面因素也因此不是那樣容易被認知。如果不是被作者置於聚光燈下，讓我們從多個方面去發現、認知、反思調皮的湯姆，那他就是一個「壞」孩子。他身上缺點太多了，蹺課、偷吃東西、太早談戀愛、不愛念書、不愛勞動、惡作劇、打架、撒謊。單拿出兩三樣打包成一個缺點組合，就足夠讓人在不了解他的性格整體的情況下，對這個孩子是個什麼樣的人保持謹慎的緘默。

但是作者讓我們更全面地了解了這個孩子的性情。我們不光看到了那些羅列在一起時，顯得乾巴巴，甚至不可原諒的缺點。我們還看到了他失戀時傷心落淚、為老姨媽的哭泣肝腸寸斷、挨打受罵時的哀傷自憐、因為缺乏勇氣救人的良心痛苦。我們還看到他是那樣充滿了兒童的天真和可愛、活力和頑皮。他還表現出少有的愛的犧牲精神、正直和勇敢。

真實之處正在於，他的勇敢不是純粹的勇敢，而是伴隨著猶豫、膽怯、糾結、恐懼。在卯足勇氣出庭作證，搭救了無辜的老人波特，並指出真正的凶手之後，湯姆想到逃走的

145

第六章　正面的性格

凶手會來找他復仇，他又害怕極了，後悔極了。

他之所以成為一個活生生的經典兒童的形象，不是因為他有這樣的優點，或有那樣的缺點，而這些優點和缺點都獨立存在，互不發生作用。相反，他活生生的形象正是來自天然個性中，不同個性成分之間相互矛盾、相互鬥爭而產生的一種動力。

可以說，正是這樣一種動力，最大限度地啟用他天性中所有成長的可能性。在席德的身上，這種優點和缺點的割裂與它們之間互不發生作用的狀況非常明顯，結果就很可能是一個孩子缺乏真正的成長。席德透過表面的配合，配合老姨媽的要求做一個循規蹈矩的好孩子，事實上是掩蓋和保護了自己的缺點。他成了兩個人，一個聽話規矩、行為模範，一個背後陽奉陰違，內心陰暗。這是危險的，也是作為讀者本能地感到他缺乏活力的原因。

從這一點可以讓我們看到，正向的性格不一定是我們想像的一種對待生活無瑕疵的態度，一種沒有情緒起伏高低的穩定熱情。正向的性格，首先應該是自發的、真實的、積極成長的性格。一個孩子懶惰、軟弱、自制力差、任性、情緒化，幾乎在各方面都被認為一無是處，但仍可能具備正面的性格。

在《說不完的故事》(*The Neverending Story*)這本書中，描寫了一個草包男孩是怎麼戰勝自己，同時拯救了幻想王國

第一節　什麼是正面的性格

的故事。這個草包男孩不會任何運動,是個留級生,還是個被同學嘲笑、欺負的胖子,用書中的話說就是樣樣都不靈光。但他透過了在幻想王國一系列冒險的旅程,其實也可以看作心理上的模擬冒險體驗,在回到現實世界之後,他真的變得勇敢、果斷了。他也是具備正面性格的。

現在我們經常提到逆商(adversity quotient),並意識到逆商對孩子來說有多重要。而在湯姆和草包男孩的身上,我們可能看到了更重要的東西。他們並沒有有意識的、運用意志來克服自身的弱點、擺脫生活中的挫折——他們擁有的是逆商的種子,是生命力、修復力和修正力。

「正向」不是指他的性格已經具備的完美情緒和完美態度,而是一種向上的動力狀態。這種正面的動力,既可能容易辨認,在一個孩子身上明顯表現出積極成長的狀態;也可能在一個人的性格和心理上產生緩慢而持續的成長推動作用。它既可能有著明確的成長方向,也可能有著強烈的自發性和更多樣的可能性。

第六章　正面的性格

■ 第二節　心願與掙扎：
一個真實的孩子

談到正面的性格，有的孩子從小就表現出明顯的正向性格：熱情、有主動性和正面性，有積極成長的不竭動力。那麼，我們要談的是另一種孩子，在缺點中掙扎，竭力衝破缺點對自己成長的阻礙。我們一般會被他們的缺點吸引了視線，甚至容易把他們歸入「壞」孩子的行列，卻忘記關注他們身上展現出來的那種和缺點搏鬥的成長力，這正是正向性格的核心所在。

在此，也許沒有比皮諾丘這個兒童形象更能表現這一點的了。皮諾丘的故事，正是一個兒童的成長史。他比一個單純的「好」孩子形象更有鼓勵的作用。因為，在他身上我們看到的不是別的孩子讓人羨慕的優點，這些別人的優點往往可望而不可及，甚至讓我們產生羞愧；而是和我們相同的弱點，如意志力薄弱、自制力差、任性、懶惰。

我們也可能和皮諾丘一樣在學好的路上，一次次屈服於誘惑，又一次次發誓要做個好孩子。那麼，在一個孩子成長的過程中，大人是否看到了孩子這一次次想要戰勝自己的決心和一次次與缺點奮鬥的努力——不管這決心是不是三分鐘

第二節　心願與掙扎：一個真實的孩子

熱度，這努力是否微不足道，還是只看結果 —— 他看起來和從前一樣差，沒有任何改變。

皮諾丘來到這個世界上，他的性格就是這樣的：

我最討厭上學。最好天天撲蝴蝶、爬樹、掏鳥窩，我覺得才有意思。

世界上所有的行業中，只有一個行業真正適合我 —— 吃、喝、睡覺、玩，從早逛到晚。

很顯然，他比那些天生喜歡上學，自律、勤奮刻苦的孩子要付出多得多的努力才能成為一個那樣的孩子。可是，這種多得多的努力卻往往容易被忽視、低估，甚至成為他再一次沒有成功改掉缺點的阻礙。因為它往往是發生在心理層面上的初期努力，無論是心中的決心還是堅持都比較薄弱，並不能在行為上形成根本性的改觀。

對一個討厭上學本性更愛玩耍的孩子來說，他生出「我要每天去學校上學讀書」的決心，就已經很珍貴了。我們容易絆倒的地方，容易沮喪的地方在這裡 —— 我們容易樂觀地把一個孩子初期萌生的決心、意志，當成已經完成了成長的果實。而事實上，它只是一個隨時都可能在風雨中掉落的嫩芽。

當皮諾丘抱著爸爸賣掉外套買來的識字課本去上學時，他心裡想的是：

第六章　正面的性格

　　我來上學，今天就要學會認字，明天就要學會寫字，後天就要學會算術。然後，憑著我的聰明，我肯定能賺大把大把的錢。一賺到錢，我要馬上為爸爸買一件漂亮的布上衣。布的？不，我要買件金絲銀線織的，鑽石做的鈕扣。

　　這樣的心理經驗也許很多孩子都有過，有過這樣一步三跳的成功想像，有過這樣的孝心，有過這樣的短暫幹勁。但很快，未經磨練的意志就像皮諾丘一樣敗給了現實的誘惑。

　　在上學的路上，只是因為聽到了一陣吹笛子的聲音，皮諾丘的心就蠢蠢欲動了。他內心掙扎著，去上學呢還是去聽吹笛子呢。最後他說服了自己，先聽吹笛子，反正以後有的是時間去上學。這一幕心理的掙扎和屈服是不是很熟悉──該念書了……先打一下遊戲……明天再多學一會好了；今天賴床了，明天開始每天早上早起床，背單字，讀課文。

　　心理學家曾對此有研究，提出了一個概念，「虛假希望綜合症」。言簡意賅地說，我們在虛假希望中，可以不用付出任何努力，就能體驗到讓人興奮的希望。心理學家告訴我們這是一個意志力陷阱，它並沒有讓我們在生活中有真正的改變，而只不過是讓我們的感覺好一點。

　　事實上，更可怕的是，在屈服的路上一旦邁出了第一步，再加上虛假希望預支給我們的虛假明天，我們會在屈服的路上走得更遠，不知不覺意志力就完全崩潰了。

　　皮諾丘──一個意志力還很薄弱的孩子，當他做出了

第二節　心願與掙扎：一個真實的孩子

「先去聽吹笛子明天再去上學」的決定時，他在失去自我控制的路上就開始越走越遠了。他不但不去上學，而且已經完全被傳來笛子聲的木偶表演吸引了。他一心要看木偶戲，什麼都顧不得了。失去了意志，也往往會失去理智。他為了換一張木偶戲票，把爸爸為他買的識字課本賣了。

假如我們只用刻板的標準和觀念去看皮諾丘，我們可能會說這是個多麼忘恩負義、不值得他人關心的孩子。他剛來到這個世界上，就為他爸爸惹了那麼大麻煩。現在竟然做出這樣的事，可憐的爸爸為了讓他上學，這麼冷的天只穿著一件襯衣，他卻把這麼珍貴的課本賣了，就為了蹺課去看木偶戲，簡直無可救藥！

但是如果從心理的層面上看，卻能看到兩點可貴的東西：一個是向上的心願；一個是為了向上生長做出的努力。不管這種努力多麼微小，和強大的誘惑比起來又是多麼不堪一擊。哪怕只是在內心發生的瞬間的掙扎，要去上學還是去聽吹笛子？都是「正面」的萌芽。

說它是正向性格的萌芽是因為，從意識上，它已經意識到什麼是正確的；從性格的態度特徵上，它遵從正確的方向；在意志力上，它雖然薄弱，卻因為有正確的認知和正確的態度，推動它就像向日葵向著太陽一樣，總會掙扎著回到正確的道路上來。

第六章　正面的性格

● 第三節　善良：一種持續的修正力

　　是什麼讓皮諾丘在調皮搗蛋、蹺課偷懶之餘，總會意識到自己的錯誤，一次次感到悔恨？是什麼總是堅持不懈地告訴他，哪條路才是人生的正確方向？換而言之，我們性格中天生的修正力，包含了什麼樣的特質，它又是如何發揮作用的？

　　皮諾丘在生活中吃了苦頭，撞的鼻青臉腫是一個方面。對此，我們有時不得不遺憾地承認，它的確在馴服我們的頑性上，比語言更有用。但還有一個很重要的方面，皮諾丘很善良，就像湯姆也很善良一樣。

　　正因為他很善良，善良像一束光源照亮了他人，他才能看到他的爸爸是多麼可敬可憐。他最初的心願——我要好好讀書，賺很多很多的錢，讓我可憐的爸爸過上好生活，正是起源於這種善良帶來的意念。

　　而皮諾丘薄弱的意志力，在經受了木偶劇團歷險的初步錘鍊之後，第二次面對來自貓和狐狸的誘惑，誘惑他去傻瓜城時，明顯變得堅定了，因為他的拒絕是斬釘截鐵的。他的善良不再只是一種無所作為的感情，而是對他的意志力造成了初步的深化作用。他之所以第一次對誘惑有了一點抵

第三節　善良：一種持續的修正力

抗力，是因為他知道爸爸在等他回家，他不回家爸爸得多著急。

可以說，善良強化了他的意志力，這也是面對不良誘惑時，與之掙扎抗衡的力量因子。善良在一定程度上塑造了他的需求——他的善良讓他觀察到調皮搗蛋的行為帶給爸爸和仙女的悲傷與失望——他的善良讓他萌生愛，期望帶給他愛的人們幸福，這是很珍貴的成長動機。

心理學家馬斯洛指出，當一個人感到飢餓時，他不但在腸胃功能方面有所變化，而且在許多方面，或許甚至在他所具有的大部分功能方面都有所變化。他的感知改變了，他的記憶改變了，他的情緒改變了，他思想活動的內容改變了。

當善良這種性格創造出造福他人的需求，就像飢餓感對食物的需求改變人的很多方面一樣，帶給他人幸福的這種需求，也會在很多方面改變我們，修正我們的行為。因為渴望讓自己的爸爸幸福，讓仙女滿意，皮諾丘才能從天性的貪玩懶惰中跳出來看，意識到好好讀書做個好孩子才是最好的道路。他思想活動的內容才沒有完全沉沒在玩樂之中，總有一種意識圍繞著「努力做個好孩子」的願望。

善良改善態度：我們可以想像，如果一個孩子是善良的，這份善良讓他有能力注意到小動物也是會痛苦的，那他對待小動物會是什麼樣的態度？他會成為一個虐待小動物的人嗎？有一點需要注意的是，善良不只能改善我們對特定的人

153

第六章　正面的性格

或事的態度，從這一個點出發，還能改變我們對很多事物的態度。

比如，一個像皮諾丘一樣的孩子，他很善良，他注意到父母的痛苦，他樂意為此做出努力來讓父母過得更幸福。那麼，為了達成這個目標需要很多條件，這些條件包括他必須重新審視和修正他對待自己的態度、對待課業的態度、對待工作的態度。

他本來懶懶散散沒覺得有什麼不好，但他現在正視這個缺點，他曾經覺得讀書是件苦差事，勞動是不可忍受的，就像皮諾丘一度寧可厚著臉皮要飯也不肯工作，但是他的善良生出愛的需求，改變了他對一切需要吃苦的事的抗拒態度。

善良改善意志：假如沒有善良賦予皮諾丘的目標，皮諾丘又怎麼能自覺地調節自己的行為呢？意志所包含的自覺性、果斷性、堅韌性和自制性，在一個皮諾丘這樣的孩子身上是多麼欠缺。

在一次次屈服於誘惑之後，有的孩子也許就此在自我放棄的道路上越走越遠，直至意志破碎到再也無法積聚重整，再也無法支配自己。而有的孩子卻恰好相反，在一次次屈服之後，不是懶怠了放棄了，而是從中鍛鍊了意志。他的自覺性、果斷性、堅韌性、自制性，在他天性的許可範圍內都有了相當的提升。

第三節　善良：一種持續的修正力

善良是其中一種發揮作用的正面因素。為了讓自己愛的人不失望傷心，這種願望會給他力量，在屈服之後再爬起來，進行新一輪的意志搏鬥。而不是完全放棄了意志，把自己交給弱點支配。

善良改善情緒： 在皮諾丘故事的開頭，皮諾丘是個情緒化、任性的小孩。對待好言相勸的蟋蟀，一言不中聽，皮諾丘就掄起錘子把蟋蟀砸了。在後面的故事中，我們也可以看到，只要他本能的欲望一受挫，他不是嚎啕大哭，就是發怒吵鬧。

這樣的情緒狀態告訴我們，他缺乏忍耐無聊的能力、忍耐吃苦的能力、忍耐欲望受挫的能力。在一個情緒化、任性的小孩身上，經常可以看到兩極化情緒的表現。要麼欣喜若狂，要麼煩惱不快。如果不討論情感強度，只探討他的情緒化和任性，我們可以清楚地看到，在這種兩極化的情緒之中，中間的部分是缺失的。

造成這種狀況的因素之一，是他可能只對他的欲望做出反應。只有滿足和不滿足，開心和不開心四種狀態。善良，卻是一種滿足他人意願的品格。在努力給予的過程中，吃苦的能力和忍受挫折的能力都會深化。這會讓一個人情緒上的控制能力加深，情緒更加深沉，更不容易受到外在的影響而波動。

第六章　正面的性格

　　善良改善理智：在皮諾丘故事的結尾，皮諾丘變成了一個真正的孩子。他說當我是個木偶的時候，我看起來多麼滑稽可笑啊！意思是說當自己是個木偶，頂著一顆木頭腦袋，只知道調皮搗蛋，冥頑不靈的樣子是多可笑！

　　那麼，是什麼讓一顆木頭腦袋變得靈慧，能從完全的欲望本能中跳出來，審視欲望中可能包含的錯誤呢？那個和他一同變成小驢子的他的好朋友小燈芯，為什麼就沒有皮諾丘這樣改過自新的機會，而那麼悲慘地累死了呢？

　　小燈芯可以說和皮諾丘形成了鮮明的對比。他是皮諾丘本能的化身，只想著玩，一點都不喜歡學校和讀書，沒有任何糾正自己、對抗弱點的能力；而皮諾丘本來和他是一樣的，不然也不會是最要好的朋友。但是皮諾丘很善良，善良是一種能看到和兼顧他人的能力，這種能力促使他思考自己的行為是否正確，正確的生活是什麼。也可以說，這是和外部世界的有效連線，讓一個孩子能從完全本能欲望的主宰中走出來。

第四節　慷慨：不自私的回報

在我們教育孩子的時候，我們可能會說，要是你撒謊就會和皮諾丘一樣長出一個長鼻子。長鼻子的皮諾丘，在很多人心中就是撒謊的代表。皮諾丘這個故事，簡化一下，就是一個壞孩子變成好孩子的故事。

我們可能會更多關注皮諾丘有哪些缺點，因為這些缺點吃了哪些苦頭，以此教訓孩子不要和皮諾丘犯同樣的錯誤。但是，皮諾丘有哪些優點呢？這些優點又在他變好的過程中，造成了什麼樣的作用？他的優點是怎樣平衡甚至制約和改造了他的缺點？

一個孩子如果和皮諾丘一樣，我們是不是只要讓他吃足夠的苦頭就行？讓他得到足夠的教訓就行？但是這些苦頭是如我們所願，變成了教訓，還是有可能相反，從此讓一個孩子喪失了信心，不小心成了創傷性挫折？

心理學家認為，有必要從理論上假定個體記憶體在某種積極生成或自我實現的傾向。

以皮諾丘為例，他既有一個普通的「壞」孩子所具有的典型缺點：自制力差、貪玩、懶惰、任性、不肯吃苦，但同時他也具有耀眼的優點，他心地善良、充滿感情、慷慨熱情、

第六章　正面的性格

富有勇氣。他並不是在一路吃了苦頭、得了教訓後就變好了的。這看起來純粹是由外在因素決定的。更準確地說，其實是皮諾丘在吃苦頭的過程中，他的優點一面越來越取代了他的缺點對他的支配。

從前他是有心無力，他有愛爸爸和仙女的感情，卻沒有愛的能力；他有好好讀書的決心，卻沒有把決心貫徹到底的能力。他的優點，在他整個的生活中處於一個弱勢的位置。他很慷慨，在第一天去上學的路上，就幻想著賺很多很多錢，賺了錢不是為了給自己花，而是想讓爸爸幸福，過上好日子，但是當他還是一個意志力薄弱的孩子，他的慷慨就像他的愛一樣，幾乎沒有用武之地，不過，雖然不能為他愛的人和想要施以慷慨的對象帶來任何實際用處，卻對他自身的成長有好處。

皮諾丘的慷慨為他帶來的不只是好運的回報，更是對由他的缺點造成的困境的終結。在某種意義上，也就是對他優點的一次次肯定和鼓勵，對他缺點的一次次否定和削弱。在這個過程中，他原本弱勢的優點逐漸開始產生越來越重要的影響。而從前不可抗拒的缺點，則相應地失去強大的支配力。

如果在木偶劇團的老闆要用花衣小丑代替皮諾丘當木柴燒時，皮諾丘不是那麼又勇敢又慷慨地站出來說：「燒了我吧，我不能讓我的好朋友替我死！」而這番話幸運地感動了

第四節　慷慨：不自私的回報

老闆，悲劇成了喜劇。那麼，皮諾丘的缺點造成的悲劇——不好好上學，蹺課去看木偶戲，害死了一個無辜的小木偶，就很可能變成一個永久的挫折，讓他任何時候想起來都會自責。

皮諾丘吃的苦頭，有很大一部分是由他自己的性格缺點造成的，是他的天性衝動和環境產生的矛盾，而他的慷慨則改善了他和環境的關係。因為和同學打架，他被一隻狗追得四處奔逃，卻仍然在這隻狗快要淹死的時候慷慨地救了牠。有了這次慷慨之舉，才有了後來狗對皮諾丘的搭救報恩。

而事實上，產生矛盾的還不只在他的衝動和環境之間；還在他的優點和缺點之間；在他想好好念書、讓爸爸幸福的心願和他貪玩的天性之間；在他的慷慨和無力給予之間；在他的決心和屈服之間。

這種矛盾、這種鬥爭之間產生的動力結果就是，那些來自意志力薄弱，容易屈服於誘惑、懶惰、貪玩的需求，都不斷地遭到弱化和淘汰，在去舊的基礎上，新的需求越來越得到強化。

但同時，有一個現象也許值得思考，那就是有一些強烈需求，一再滿足它只會讓它變得更加慾壑難填。可以想見，如果皮諾丘在玩具國一直玩下去，而沒有遭遇變成小驢子的悲劇，他也許連最後一點想當好孩子的願望都丟到爪哇國了。正是這些需求得到滿足，又在不良慾望不斷受到挫折之

第六章　正面的性格

後，讓皮諾丘在挫折中不斷產生出越來越強烈的、由優點支配的欲望，釋放與消解了他的懶惰和貪玩對他的絕對支配。

皮諾丘的慷慨擺脫掉了缺點的束縛，讓他一點一點變得強大和有支配力，他從一開始只有一顆慷慨之心，到為了救花衣小丑挺身而出、不計前嫌救下大狗，再到最後，他不僅非常慷慨地拿出了自己辛苦工作攢下的四十個銅幣給仙女治病（這四十個銅幣本來是想為自己買件新衣服的）。而且，他更加努力地賺錢，想賺更多的錢幫助仙女。他的慷慨從無力到有能力付出自己去對待需要努力就可以做到的事，再到他終於克服了懶惰貪玩，讓慷慨的天性可以按照自己的心願實現，慷慨這一品性已經在他身上有了極大的發展。

從表面上看，似乎在很多緊要關頭都是一些偶然事件發揮了作用，但實際上，慷慨無私這種性格，像一扇逃生的門，它依然是向外的，是和外界有關聯性的，是和自私的欲望有對比作用的。想要滿足它，就要淘汰以自我為中心。

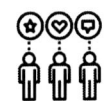

第五節　勇氣：自發的力量

　　如果我們的需求存在強弱之分，一個滿足了，我們可能才會強烈地意識到另一個的存在；我們的性格特點也同樣有強弱之分，有些性格特點更明顯，對我們的行為更有支配力，而別人對我們的認知，也更可能是透過這種有支配力的性格特點。所以我們才會著重以某一個性格特質來概括一個孩子全部的性格。比如，我們說一個孩子是個懶孩子、貪玩的孩子。而這種時候，我們可能忘掉了這不是他性格的全部。

　　意識不到孩子的其他性格，不代表其他的性格就不存在，或不發揮作用。這些在我們的視線中被邊緣化的性格特點，卻很可能像一臺大機器內部的小零件，對整臺機器的運轉造成不起眼卻彌足珍貴的調整作用。

　　我們特別注意到一個孩子很懶惰、不喜歡吃苦，往往是因為他的性格跟生存對我們的要求不符。想要好好地生存下去，這要求我們要勤勞、有吃苦的能力。而缺乏這一能力，就如同蟋蟀對皮諾丘的警告，像他這樣懶惰貪玩，最後是不會有好下場的。

　　我們可能不僅滿足於這樣簡單的認知：這個孩子懶惰貪

第六章　正面的性格

玩。更可怕的是，我們會僅僅把他當作一個懶惰貪玩的孩子來對待。如果我們注意到他很善良、很慷慨，我們會惋惜地說，孩子心還是好的，就是太懶太貪玩了。重點仍然落在缺點上，更不用說注意到他那些幾乎不發揮作用的邊緣優勢。

這些邊緣優勢，有時就像家具上一個不起眼的鉚釘，有它的時候，幾乎誰都不會注意，沒有了它，一件完美的家具卻可能立刻變成了廢品。誰也不會說湯姆索亞、皮諾丘是勇敢的孩子，因為勇敢這項特質在他們身上並不突出。湯姆在要不要搭救無辜的波特時，內心經過了極度掙扎，而且在良心的責備下，終於鼓起勇氣指正了真正的凶手之後，湯姆一度嚇壞了，晚上連門都不敢出。皮諾丘在遇到危險的時候，也經常嚇得哇哇大哭。

勇敢、勇氣，在他們身上更像是一瞬間的靈光乍現，而不足以成為一項有明顯特徵和支配力的性格特質。所以，其也往往是一項容易被忽視的存在。就像在生活中，我們也可能同樣不太注意孩子身上不明顯和無用的性格，以為那都是可以忽略不計的。

我們可能更注重一個孩子是不是有毅力把他的決心付諸行動，只有當決心富有成效才是有意義的；而不太關心他未見成效的三分鐘熱度。雖然這三分鐘熱度，可能孕育著一顆緩慢成長的毅力的種子。

這種短暫的、靈光乍現的勇氣也一樣，似乎在孩子更加

第五節　勇氣：自發的力量

明顯、更加有支配力的缺點面前不值一提。但鼓起勇氣卻可能是一個孩子漫長心理鬥爭並取得勝利的結果。在外人看來，他只是上課的時候突然一改常態，主動舉起手回答問題。這個動作是無比簡單，幾乎讓人意識不到其中還有什麼不同尋常的價值。

但對這個害羞的孩子來說，在舉起手之前他的內心已經經過了漫長的煎熬。他想像著教師看著他，同學們的眼睛也齊刷刷地看著他。教室裡一片安靜，只等著他一個人的聲音響起。他彷彿聽到了自己怯懦的聲音在發抖，兩腿在丟人的打顫。他的心臟在咚咚亂跳，在他舉起手之前，他內心的害羞和想要克服它的勇氣已經交戰了數個回合。

當他終於鼓起了勇氣，把自己的手舉起來，把自己從人群中亮出來，也許對別人來說，這不過是個平凡孩子最普通不過的舉動；對那些天性大方的孩子來說，更是平常簡單。但對這個孩子來說，這樣的勇氣是內心搏鬥的結果，勇氣的勝出表明了一次有效的心理鍛鍊。

因為這只是一次鍛鍊，就如同身體的鍛鍊，一兩次是看不出效果的，但是卻有累計的作用。如果我們不注意到這一點，就有可能忽略它的長期累計的作用，而僅僅把它當成無足輕重的偶然表現。一次次的心理鍛鍊，恰好如同長期堅持健身，會改變人的身體素質和曲線一樣，它也會改變我們的心理特質和外在表現，儘管這種鍛鍊並不起眼。

第六章　正面的性格

　　每一次鼓起勇氣發起的挑戰，不僅是試圖克服自己的膽怯，還是自主性和自我支配能力的一次熱身。這不是內心發生了衝突，不知道該怎麼辦，而是知道該怎麼辦，並自己逼迫自己、自己推動自己，向著自己認為對的方向努力。其中可以看到自發性在經過心理搏鬥勝出的勇氣中，包含著自己的目標和自發的克服。

　　也許，他大體看起來還是一個容易害羞並緊張的孩子；還是一個懶惰貪玩的孩子，他偶爾迸發出的勇氣，甚至引不起別人的注意。同時，這種勇氣也似乎沒有從整體上給他的性格或者表現帶來明顯的進步。但是，他每次發生在內心中的勇氣之爭，卻可能是對他整個心理特質的一次次增強。

　　他面對了讓自己感到膽怯的東西，面對了自己的膽怯本身，並一次次努力想要克服它。他的自主性增強了，自我支配的能力也增強了，在努力的過程中自信也在加強。而這一切，有時更像是在打下一個成長的地基，他也許一直未能改掉他的缺點，但他卻擁有了厚實的成長基礎，不經意地在他的成長中發揮著作用。

第六節　自然成長的性格

在我們教育孩子時，最難掌握的問題之一就是什麼事情是應該管的，什麼行為已經屬於干涉的範疇。這一點總是讓人心生疑惑，難道眼睜睜地看著他出錯卻不指點？看到了他的缺點卻不指出來？這樣還如何談得上對孩子的培養？性格的培養指的又是什麼呢？

有一個常見的失誤是這樣的：假如說孩子是一塊需要耕耘的田地，我們會把他的缺點當作地裡的雜草，這些雜草除了影響莊稼的生長外毫無用處，必須被拔掉。但事實上，孩子和他缺點的關係卻不是像莊稼和雜草那樣既是分離的又是對立的。孩子和他缺點是一個完整人格的整體。它們不但結合在一起，而且與其說是對立的，不如說是相互依賴、相互作用的。

心理學家指出，同樣的一種欲望行為，對有的人來說，他行為中真正的欲望是為了確立自信，而另一些人卻可能是為了尋求愛、安全感等。那麼，也許可以這樣說，透過他表面的欲望行為，有時可以追蹤和揭示他內在深層的心理構成與性格構成。一個孩子表現出來的缺點，比如貪玩，我們也許不能像拔掉雜草那麼簡單地對待它，因為在貪玩的背後是

第六章　正面的性格

有可能存在著一個充滿分支的性格和心理網路的。

在貪玩的正面分支上，可能存在著好奇、活力、探索精神等；在它的負面分支上，他貪玩可能表明的是他自制力差、不喜歡吃苦、浮躁、缺乏耐受力。假如我們在孩子的性格培養上，採用的是簡單粗暴的方式，那就是發現一個缺點就試圖用對立的方式把它一下子撲滅，我們就很可能冒著打擊他整個性格表現的危險。

我們努力矯治他貪玩的毛病，強硬地壓下了他貪玩的欲望，他不貪玩了，至少不敢表現出來，但同時受到抑制的還有他的好奇、活力和探索興趣。對這個孩子來說，更讓他失去活力的是，我們可能無意中搬走了他的保護殼。貪玩，或許是他更深層的缺點——缺乏自制力、怕吃苦的一種壓力分流方式。在他沒有做好心理準備的時候，貿然逼他面對這種深層缺點帶來的壓力，造成的效果也許不是把他逼上正道，而是抑制了他的自然調節和自然成長。

好的性格培養，不應該是對一部分性格的完全排斥和對另一部分性格的完全挖掘、過度發揮，而應該是不浪費各種性格特質中的精華和作用，並創造出條件許可的最佳結合和相互作用的狀態。

排斥相當一部分的內在……這樣做也使他損失了很多，因為這些深層次內容也是他所有的快樂、遊戲能力、愛的能力、笑的能力以及對我們來說是最重要的創造能力的泉源。

第六節　自然成長的性格

這並不意味著對孩子放任自流，對他的性格不加引導和培養。而是提醒我們，在必須使用簡單強硬的方式時，也需要仔細觀察和評估，至少不要提前抱著「必須怎樣」的固執。

對待某些性格特點，尤其是被歸入缺點一類的，是迅速地把它拔掉，還是在引導的過程中允許這些缺點在某種範圍內慢慢地釋放它，這可能要看這種性格的影響是否嚴重，過於強硬地矯治是否適得其反。重要的是意識到這個問題：不是所有的缺點都是沒有一點用處的，可以當作垃圾處理掉的。

如果可以，某些缺點就允許它以慢慢釋放的形式存在，恰似一種對性格特質的蒸餾和提煉。這樣不會浪費掉其中有價值的東西；同時因為它不是以壓抑的方式，而是以釋放的方式，能從根本上杜絕它的積聚和反彈。

這並不難理解。根據心理學研究理論，一個強勢需求滿足了，原本處於弱勢的需求就開始變得強烈。缺點的過濾和需求的更新都是在性格釋放的過程中自然發生的。

缺點的過濾，以貪玩為例，強烈的玩的需求在滿足、釋放，甚至是付出代價遭遇挫折的過程中，對貪玩中包含的性格特質和心理特質都發生了什麼影響？比如，貪玩中可能包含的浮躁、怕吃苦，在需求改變的情況下，是否會有所削弱？

當一個孩子被貪玩強烈支配的時候，是不是和玩相對的

167

第六章　正面的性格

其他的事務——念書、勞動，都相應的讓孩子不可忍耐，也就是說它「苦」的部分來自另一個強烈欲望的牽引。而在貪玩被滿足、釋放或遭遇挫折之後，新的、更上進的欲望產生了。那麼伴隨這種新的欲望產生的可能還有全新的情緒和全新的心理感受。

貪玩中包含的負面情緒和感受、浮躁、怕吃苦，並不是被強行壓了下去，而是在新的變得強烈的上進欲望下，不再有針對玩之外的事務有強烈的排斥，它是一種自然地削弱和消失。從前沒有耐心的事情現在有耐心了，覺得苦的事情突然有需求了。

仁慈、慷慨、無私、寬宏大量、沉著冷靜、愉快滿意以及其他諸如此類的特質，這些特質似乎是一般需要滿足了的間接後果，即不斷改善的心理生活狀況的間接後果。

孩子不是在教導和克制下管理自己的情緒。他從緊張不安、心情惡劣，到沉著平靜、內心平和，是因為在自然地釋放和受挫中，過濾掉了伴隨衝動而來的激動的情緒。他缺點的改進不是靠著外力的約束，而是內在發生的自然改良。

第七章
孩子常見性格的再認知

第七章　孩子常見性格的再認知

● 第一節　孩子喜歡欺負別人：
一種有意的傷害

　　孩子們之間經常發生欺負他人和被他人欺負的事情，不管我們願不願意面對。欺負，有時發生得很隱祕，說不定就發生在家長的眼皮底下。家長通常難以發覺，就是發覺了，也可能覺得微不足道，但這對孩子來說卻是一件感到恐懼的事。

　　有位女士回想起了自己童年的一次經歷，那時她才三歲。有一天，她和一個同齡的小朋友在家裡玩耍，後來來了一對姐妹花，年齡和她們不相上下，也許略大一點點。姐妹倆穿著漂亮連衣裙，乖巧可愛，她的媽媽也直誇她們有禮貌懂事。但是在媽媽轉身出屋以後，兩個姐姐突然用威脅的口氣對在她家玩的另一個小朋友說，把你的黃瓜給我們吃，快點！那個小朋友從自己家裡帶來了一根美味的黃瓜，此時正抓在手裡。因為害怕，小朋友不知所措地、遲疑地把手中的黃瓜慢慢遞向姐妹倆。她的第一反應是挺身而出，雖然她也害怕，但她還是壯著膽子，大聲說為什麼要把黃瓜給你們吃？這不是你們的！

　　她到現在都記得，兩個姐姐臉上狡獪的表情。當時她們都還是三四歲的孩子，四個孩子臉對臉站在屋子一角，大人

第一節　孩子喜歡欺負別人：一種有意的傷害

還高興地以為她們在一起玩得挺好。殊不知欺負和被欺負正在上演。那種威脅的氣氛，給她留下難以磨滅的印象。姐姐把目光轉向她的時候，仍然充滿威脅，但口氣甜蜜，明顯虛假。具體說了什麼，她不記得了，大意是我們當你一夥的，你也不要多管閒事。她後來回憶起這件事，覺得簡直難以置信，一個三四歲的孩子已經把人的心理吃得這麼透，居然對兩個對手本能地採取了分化政策。

大人容易傾向於認為，小孩是天真的，什麼都不懂的。但是兒童的性情也是大人性情的雛形。兒童之間發生的爭鬥、吵鬧，並不都是因為天真無邪不懂事，它可能帶有惡意初期的原貌，只有身處其中的孩子才能充分領會。欺負本身就帶有一種故意，這是一種有意識的損害。

我們從動物身上可以觀察得更清楚，雖然這不是說動物和人一樣。

有的寵物狗似乎表現出了對自己身分的優越感，當牠看到一隻流浪狗從身邊經過，會突然就像「炸」了一樣，激動得不能自制。一邊狂吠，一邊拚命想衝上去。牠的聲音和牠的表情都毫不掩飾地表達了想把對方踩到泥裡、撕成碎片的衝動。

馬斯洛在研究動物食物偏好時，曾提到一點，「與人類相比較，動物對衝動的『刺激——反應』的可調節性則不那麼明顯」。這一點也許可以給我們啟發。在寵物狗對流浪狗發洩優越

第七章　孩子常見性格的再認知

感的時候，我們看到了簡單的刺激——一個可欺負的對象的出現和完全沒有中間環節的最直接的反應——欺負可欺負者。

所謂的可以調節這種直接反應，甚至改變這種直接反應的中間環節是指理智、高尚、同情心、愛，它們會將見到比自己弱小者的欺負衝動、發洩優越感的衝動減弱，甚至完全改變了性質，由鄙視變為關心，由掠取變為援助。

在喜歡欺負人的孩子身上，事實上缺失的可能正是這樣一些需要加以關注，並協助他發展的更細緻、更複雜的中間環節。他的行為要麼是追求優越感，要麼是發洩他感受到的優越感。他表現出的是最簡單的「刺激——反應」形式。如果情況顛倒，他遇到了一個比他在條件上優越得多的人，他的屈服、畏縮也同樣可能以極端的方式表現出來。

對「刺激——反應」缺乏調節的能力，就像一個人有錢了就立刻花光，花光了再可憐兮兮地節衣縮食，這就是缺乏籌劃的能力。今天欺負別人氣勢洶洶，明天被更厲害的人修理又變成懦弱，似乎完全不知道如何為自己的內心儲備一點真正的勇氣。那麼追根究柢，如果他不是在追求優越感，不是在有意識地尋找可以欺負的對象，而只是在感到力量上的優越時，肆無忌憚地展示和發洩他的優越感，他喜歡和享受的就不見得是欺負本身，而是更傾向於喜歡和享受「刺激——反應」之間最直接的模式。因為無須多想，也意味著不必約束自己、克制自己。因為最簡單，所以最痛快。

第二節　孩子懶惰：一種失效的個人支配能力

懶惰似乎是一無是處的性格，同時還背負著道德上的責備。一個人在很多事情上無能，也許都能找出情有可原之處。唯有懶惰，不能讓別人理解和原諒，誰讓你那麼懶呢？這種看法的前提是，一個孩子懶惰還是勤快，是他自己自主選擇的結果。但是真的如此嗎？真的每個人都能自主決定自己是懶惰還是勤快嗎？尤其是對性格懶惰的人來說。

對於一個人懶到極致的描述，莫過於這樣一個故事。一個孩子從小就很懶，有一天他的母親要出門，因為知道他很懶，怕他餓死，就烙了幾張大餅掛在他脖子上。這樣他餓了隨時可以有飯吃。但誰知等他母親回家的時候，發現他還是被餓死了。再仔細一看，大餅並沒有吃完，因為這個孩子只是把掛在他身前的餅啃完了，但是脖子後面的餅，他懶得轉過來，就這樣被餓死了。

可以說這真的是懶到極致了。聽了這個故事，沒有人會同情故事中的孩子。他只能作為一個反面教材，讓別的孩子引以為戒。因為看起來他不可原諒的地方有兩個，一個是懶惰；一個是懶得太過分了，抬抬手都不肯，寧可餓死，這不

第七章　孩子常見性格的再認知

是自找的嗎？但是反過來想，如果一個孩子連抬抬手把脖子上的餅轉過來這麼簡單的一個動作都做不到，甚至連飢餓這樣強烈的本能都驅動不了他，這說明了什麼？

如果我們把懶惰看作一種失效的個人支配能力，看作在某種程度上是不受個人控制的行為，是一個人不能自主選擇的，那麼這種切換過來的眼光告訴了我們什麼？在責備孩子懶惰的同時，是否也應該關注他的懶惰是不是一種需要幫助的訊號？

這種幫助不是烙幾張大餅掛在他脖子上，不是事無鉅細，幫他把一切都打點好，是從心理上協助他站起來，培養更強的行動能力。懶惰那麼讓人反感和不同情，是因為我們從外表看到了他有行動的條件，他有健全的身體、敏捷的思維，他是個具有行動能力的人，但他卻就是懶得勞動。

但是他在心理上如何，他在心理上是否也如他外表看起來一樣有著健全的行動能力？假如我們看到一個缺乏活動能力的人，我們可能會毫不猶豫地幫助他。而一個人的內心狀況是怎樣的，很少會有人想到。他的內心是不是也處在一種癱瘓或者行動困難的狀態？我們只看到他有健全的四肢就認定他有完全的行動力。殊不知外在的行動力，也要靠內在的行動力推動。

一個懶惰的孩子，一般而言，在他的內心中，要麼是在意願上就處於不樂意的狀態，比如，不想做事，不想念書，

第二節　孩子懶惰：一種失效的個人支配能力

對需要吃苦的事有種天然的抵制；要麼是在意願上是想做的，但是卻缺乏支配自己的行動力。他很想從床上爬起來，但就是爬不起來。

對於我們喜歡玩樂、不喜歡吃苦的傾向，尤其是兒童，不喜歡讀書，喜歡玩樂，不喜歡勞動，喜歡舒適，也許從某種程度上說，只是一種天性的自然表現。有的學者在著述中，也指出了這一點，並認為有的懶人得福的故事之所以存在並流傳至今，並不是為了鼓勵懶惰，而是要讓人承認人大都有懶惰心理，這種承認讓不得不辛苦勞作的人心生安慰。也許，更讓本來就深受懶惰之苦的人，擺脫了過於自愧的重壓。

而另一種情況則顯得很矛盾，也更容易讓人誤會。一個孩子一邊特別渴望自己能早點起床，一邊貪戀被窩的溫暖；一邊信誓旦旦地驅策自己好好讀書，一邊很快就對枯燥的練習題心生厭煩。我們可能會說，你還是沒能真心想，你要真想早點起床，真想好好讀書，你就不會這樣。可是孩子覺得委屈，我真的想啊，可我又真的做不到。孩子怎麼能說清呢？

在「真的想」和「能做到」之間，也許存在著漫長的距離。想，是他的意志在想，但是他的意志支配不動他的行動，更沒有改變他的感受。我們有時把懶惰看作一種定論的、不需要太多關注的性格——只是由態度決定的、可以輕

第七章　孩子常見性格的再認知

易改變的性格特質。但打開懶惰看一看，我們可能會看到一種內部的失衡：切換能力緩慢艱難；處理事務緩慢艱難。

造成這種情況的原因之一是過度沉溺於某一種感受。過度沉溺於感受──過度沉溺在喜歡的、舒適的感受中，也意味著感受上的強烈對比和排斥會更加敏感地認知到舒適感受圈之外的不適，也更加害怕和排斥變動。

懶惰表現出對某一種狀態的持續固守和依賴，這導致切換能力變得緩慢艱難；同時，對某一種感受的沉溺，比如，懶散享受會創造出一種心理感受上的對比，顯得需要付出努力的事無法忍受。說到底，過度的感受也許會降低行動力。有的人，在別人分配給他的工作上，工作得很努力，但是回到家，可以由自己說了算的時候，卻無比懶惰。這是因為在外力的推動下，他無暇多想，當他有了選擇餘地，他就放任自己沉溺在舒適的感受中。

所以，與其責備孩子懶惰，不如幫助他擺脫對舒適感的過度依賴，在「想」和「行動」之間減少思考的時間。

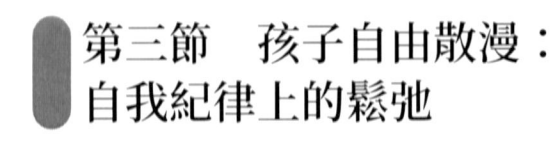

第三節　孩子自由散漫：自我紀律上的鬆弛

　　自由散漫是一種不太引人注目的性格特質，尤其當一個孩子混在一堆孩子裡面，他表現得既不特別好，也不特別壞時，他會讓人誤以為他毫無過人之處，他天資平平。殊不知，是由於他自由散漫的個性讓人造成了這樣的印象。

　　自由散漫的特點之一，是缺乏積極性。他既沒有好好表現做個模範生的積極性和動力；也沒有搗蛋或者攻擊的強烈衝動。但是他的缺乏積極性，又不同於無精打采，一般意義上的被動。如果一定要界定，自由散漫沒有負面的意味，它更接近於一種心靈上的自然狀態。

　　好處是，這種放空的狀態有益於不加成見地吸收外在的資訊，也不會因為個人意志的鮮明主導造成某種執念。壞的一面也很清楚，一個自由散漫的孩子，通常會表現出在紀律、自律上的鬆弛。這是自由散漫的另一個特點：低要求，低控制。

　　他的低要求既表現在對外部環境上，也同時是對自己要求的鬆弛。他通常很少表現出控制慾，他不樂意對自己加以控制，對他人更加懶得控制。他在性情上是隨和的，在做事

第七章　孩子常見性格的再認知

情上可能也是千方百計逃脫責任的。

一個孩子性格自由散漫，讓人在一瞬間會有種感覺，以為他很好說服和支配，但事實不一定是這樣的。雖然自由散漫的個性，理論上應該是更柔軟、更容易留下別人思想印記的性格。但有的孩子，這種自由散漫的性格反而讓他天然地對他人試圖對他的改變、說服、控制很敏感，甚至反感。

這會產生悖論的現象，孩子一方面自由散漫；一方面又可能有種不易受影響的堅定。仔細分析他缺乏積極性的性格特點就會發現，他不是對所有的人、所有的事缺乏積極性。事實上，不能因為他有自由散漫的性格就把他歸類為不積極的人。恰恰相反，他很可能不但有積極性，而且是經久耐久的積極性，這要看其他的性格特點。但是僅僅是自由散漫這一條，也許只是說明他在配合上缺乏積極性。

當其他的小夥伴們都在熱火朝天地參與同一件事情時，他可能會想這和我有什麼關係？那麼這是不是說明這是一個冷漠的孩子，對他人漠不關心的孩子。從表面上看，也許很容易得出這個結論。他的自由散漫有時讓他表現出低參與的特點。他和其他孩子的情緒不能同頻。

比如，別的孩子因為參與某件事情而興致勃勃，他卻冷靜而無動於衷。

但他並不總是這樣，假如換了一件他感興趣的事，或者

第三節　孩子自由散漫：自我紀律上的鬆弛

從內心真正願意接受的事，他也許就會表現出毫不遜色的興致和積極性。所以，重點是他的自由感有沒有感到被脅迫。他可能不能脫離自己真實的想法和感受，僅僅因為有人要求他這樣做或者周圍的孩子都這樣做，他就一定也這樣做。他或許會按照環境的要求做，但積極性卻不高。

他不一定是個不積極的孩子，他只是對於那些為了參與而參與，或只對參與本身感興趣的配合缺乏興趣，特別是這種配合違背他的意願的時候。

自由散漫的性格，會讓人留下不積極的印象，因為它具有低要求、低控制的特點。對一個孩子來說，對孩子所處的環境要求來說，他可能顯得不太重視紀律，缺乏自律性，上課容易走神，作業經常應付了事。他在生活上也同樣可能漫不經心，能將就就將就，管理自己彷彿對他是件很難的事。

這給人感覺他是一個對自己要求很低的孩子。但這並不代表他缺乏自尊心。微妙的是，他恰恰可能自我感覺良好。存在一種可能，他知道自我的優勢所在，或者自我感覺良好，所以他才不急於、不忘我地配合外在的標準要求。這有些類似於高自尊的心理，根據對高自尊的研究，高自尊的人總是傾向於找到自己的優勢所在，這使得他們的自我感覺得以庇護，不至於在自己失敗和缺陷面前徹底淪陷。

換而言之，他的自由散漫，對滿足外在的標準缺乏一定

的熱情和積極性,也許恰恰在於,按照外在標準對他的評價,尤其是不高的評價,並不能影響他對自己的感覺。這使得他首先在動機上就少了一項動力去積極地配合外在的要求,也許這也是造成他對自己低要求的因素之一。

對這種性格的孩子來說,可能怎麼樣都行。作業寫得乾淨漂亮一些,還是塗改得不像樣子,考試成績好一些,還是排名靠後一些,對他可能會有正常的情緒波動,但似乎不大能從本質上影響他的自我感覺。他的低要求,在他人眼裡,就會變成他的高耐受性。他對自己的不足、失敗有著和低要求相配的高接受度。

從心理健康的角度,其不見得不是一種心理彈性。但從長期的個人發展來看,低要求必然也容易導致低控制,對個人的自控力也許是個考驗和需要提升的地方。就如同動機不強導致的自我低要求一樣。一個孩子對自己的要求本來就很隨意,也就意味著在面對誘惑和需要自我控制的時候,找不到理由,找不到支持來加強對自我的控制。

缺乏動機、隨意而連鎖的反應自然是比較散漫的狀態。而這種散漫的狀態,不小心就會陷入意志缺乏——三分鐘熱度、半途而廢、隨時被情緒支配、做事不嚴謹。

第四節　孩子任性：一種情緒膨脹的表現

　　任性似乎很少被當成是天生的一種性格，如果我們聽說某個孩子很任性，通常說的人還要交代一下前因後果：他被慣壞了，特別任性。那麼，聽的人雖然不認識這個孩子，也能大概想像出這個孩子被慣到什麼程度，又任性到什麼程度。他一定是要怎樣就必須怎樣，滿足不了他的要求，他就會不依不饒，又哭又鬧。

　　在我們心中，任性的展現形式總是會和情緒的強度有關連。任性的孩子不管是用語言還是用行為，往往展現出自我色彩很濃厚的兩點：我非要和我就不。我非要這個玩具不可，你不給我買，我就一直哭一直鬧；我就不穿那條裙子，你說它好看、舒服，穿著上學更合適，都不行，我就是不聽。

　　他就像用粉筆畫了一個圓圈，他自己站在正中心，放大自己的同時，還放大了他的選擇意志，同步放大了他的情緒。像這樣的執拗、堅持，對選擇的不可替代，僅僅靠著欲望本身是很難實現的。它必然有情緒的參與。在他說我要這個玩具的時候，他和一個不那麼任性的孩子相比，他表達的其實是雙重要求的滿足。包括要這個玩具本身的滿足，和他

第七章　孩子常見性格的再認知

伴隨要求產生的情緒膨脹的滿足。之所以不任性的孩子比較容易在大人的說服下放棄一個玩具，並且在放棄之後，情緒相對更平靜，就是因為他只是想要一個玩具，他在情緒上沒有需求，所以也沒有因為大人的拒絕而受挫。

而任性的孩子，有時讓人覺得不可理喻的是，他在某些要求上的執拗、聽不進去意見、不通情達理到了不可理解的地步。他似乎堵住了耳朵，不要聽外界任何妨礙他縱性的理由建議。而只是一味地對外界發出他的呼聲：我要這樣，我要那樣。要讓他明白那些最簡單的道理：他已經有很多同類的玩具了，所以這個玩具不能買；這雙鞋子其實很漂亮，有這樣那樣的優點，可以試著穿一次，有時是很難的。有時連最簡單的溝通都無法進行，因為他處在強烈的情緒中，只會要求「我就要」或拒絕「我不要」。

這會讓當父母的抓狂，不知道該怎麼辦才好。打不得，罵不得，說又不聽。當時，我們的目光可能只會集中在事情本身，那就是這個任性的孩子對這個玩具執著得不可理解。我們會以為他只是想要這個玩具。但對這個孩子來說，事情不一定這麼簡單。他可能不能容忍自己的意志遭到拒絕和挫敗。他要求的不只是一個玩具，還要求他人對他的服從。

他的要求得不到滿足，在旁觀者看來他只是因為沒有得到一個玩具，就暴怒、大哭、糾纏個沒完，但對他來說，更嚴重的可能是他受挫的驕傲。假如一個孩子的任性確確實實

第四節　孩子任性：一種情緒膨脹的表現

是被慣出來的，我們可以設想一下這個場景。他提的任何要求都被盡量滿足，那麼，在他的心裡感受上，除了具體的要求被滿足帶來的得意，時間長了會不會形成一種自我心理暗示，認為自己很厲害、很了不起、很受寵愛、很被重視。這存在過度抬高自尊的風險。

也就是說，當孩子對於別人對他要求的滿足已經習以為常，那麼，每一次的拒絕都有可能不再是單純的對某件事的拒絕，而是對他自尊的冒犯，對他驕傲的傷害。他的哭鬧糾纏難以溝通，也許並不僅僅在於他被拒絕的事情本身，更在於他要挽回他的自尊，維護他的驕傲。

他的任性更傾向於維護他已經形成的對自我的感受。在過度的滿足、缺乏必要的約束中，他不僅享受到意志的滿足、外在的寵溺縱容重疊在他的自我感受上，他也會不恰當地驕傲起來，而過於重視自己。他可以容忍得不到想要的玩具，但他卻不能容忍對他驕傲的挑戰。他強烈的情緒恰好和他的驕傲成正比。因為他是驕傲的，所以一個微小的拒絕，一個很容易理解的要求，在別的孩子都能平靜接受時，他卻可能表現出激烈的態度。他對一件小事都情緒強烈，或怒不可遏，或大哭大鬧。強烈的情緒和事情的微不足道往往對比鮮明。我們可能籠統地稱為任性，卻很少意識到，情緒發作的背後可能是被過度抬高的自我。

他可能會驕傲到不能接受拒絕，不能接受不合心意的要

第七章　孩子常見性格的再認知

求，外在的任何一點違拗，都可能被視為激怒和挫傷。而任性的另一個特點，執拗的要求和堅持通常以糾纏的方式表現出來，讓人覺得煩惱。因為這往往是情緒的表達，而非理性的表達，所以無法透過理性的溝通解決。我們也僅僅關注他在事物上的訴求，比如，他一定要買這個玩具，他是因為得不到這個玩具在鬧，而我們很難讀到情緒表達背後的情緒訴求。

　　他的非理性堅持，他的糾纏，他哭鬧起來沒完沒了，也許還有另一層深意，他不能容忍他膨脹的自尊和驕傲受到挫傷。而彌補受傷的驕傲，最直接的方式就是在對峙中取勝，本質上是繼續保持讓別人服從的狀態。所以，一個孩子任性地堅持要一個玩具，他也許不只是想得到這個玩具，他還想保持他從經驗中得來、培養並習慣了的優越狀態。

第五節　孩子玻璃心：一種無意的自私

　　有一次，一個媽媽說她的孩子就像長了倒刺，簡直說不得碰不得。一個無心的玩笑，隨口問一句寫完作業了嗎？都可能引得孩子臉色一沉，摔下筷子就走人。結果是她都不敢隨便開口說話了。當然這是個青春期的孩子，但是青春期的孩子是從兒童成長過來的，他兒童時期就存在這一不明顯的性格特質，在進入青春期後，在嘗試著勇於和家長叫板之後，可能突然就變得明顯了。

　　有時孩子過於敏感，玻璃心的程度到了旁觀者一頭霧水、瞠目結舌的地步。一個女孩因為媽媽稍微質疑了一下她在假期白天是不是沒有念書就大爆發。在半夜尖聲大叫，把家長簡單的督促小題大作：「你說我沒念書，你不尊重我！你侮辱我！」

　　在這裡可以還原一下玻璃心路徑：你過問我的成績，你質疑我念書的能力，從中能推敲出的核心性質，就是你是在侮辱我，不尊重我。我們可以先不去討論她的媽媽是否語氣欠妥，是否存在態度上的問題，我們只討論玻璃心的特徵——思維上，它能將一件簡單的事情，複雜化和深化成一

種傷害；感情上，真的脆弱得像玻璃一樣，輕輕一碰就碎，一句重話都受不了。

就像童話故事裡著名的豌豆公主，在墊了二十床鴨絨褥子的床上睡了一夜，居然還是被褥子下面的一粒豌豆折磨得沒有睡好。一件正常範圍內的小事，被放大了它的影響力，那麼，放大它的一般正是情緒的嬌弱。情緒嬌弱到了一粒豌豆都能被注意到，都能對人產生傷害的地步。而與情緒上的嬌弱相對應的往往是另一種自私冷漠的情緒。

這種自私冷漠，和一般意義上的自私冷漠還是有區別的。比如，這個孩子不是不愛父母，也不是不關心父母，但他是以自己的視角、自己的想像、自己的方式在愛著、關心著父母。意思是，他對父母的愛是缺乏互動的，是缺乏領會的。也就是「我只想這樣對你好」，但「你是個什麼樣的狀態、什麼樣的心情，你需要什麼，你需要我做什麼」，都不在他觀察和考慮範圍之內。

這和有意的自私，和一個孩子有意在飯桌上把雞腿搶先夾到自己碗裡的自私是不同的。他的自私是無意的，他的愛的表達方式是從自己出發，同樣，他情緒的不抗擊打也是因為他只從自己出發。與其說他自私，也許更確切地說他是傾向於活在自己的世界中，雖有著正常的社交，卻從內心與世隔絕。

這是和社交無關的能力。他的玻璃心，有時表現出的是

第五節　孩子玻璃心：一種無意的自私

對事物、對他人理解能力的薄弱，他不能站在除他之外的角度看待問題。如果他能理解父母過問他的功課是一種負責和關心，父母的態度和方式方法雖然不恰當，讓他覺得受到傷害，但他們畢竟是沒有惡意的，那他的感受可能就不會這麼糟糕。這一切的理解都是一種有益的情緒分流、削弱，不至於產生相對於問題來說過於極端的感受。

而缺乏關聯他人的能力，缺乏從自我之外的視角理解問題的能力，可能和他是一個只對自己感興趣的孩子有關。

用心理學家的話說，「只對自己感興趣的被寵壞的孩子，很可能把對別人缺乏興趣的態度帶到學校」。也就是說，正是因為對別人缺乏興趣，所以才注意不到，也不關心別人的感受，通常表現得很冷漠。而也正是因為只對自己感興趣，所以才會只關心自己的感受，從而可能把每一個微小的不適都放大到不可忍受的程度，敏感又脆弱。

這樣的結果有時無異於把自己局限在狹小的空間裡面，這也是他何以顯得如此不豁達的原因。他雖然沒有在地理空間上獨自一人生活在荒無人煙的所在，但他顯然在心理上近乎與世隔絕。他的世界裡只有他自己的想法、他自己的感受，別人在想些什麼，自己之外的世界有怎樣的規則和執行方式，他可能沒有興趣了解。知道雨點只砸到我們身上和知道雨點砸到所有的人身上，給我們的感受是不一樣的。

第七章　孩子常見性格的再認知

當一個孩子只關心自己的感受，只對自己感興趣，看起來他的自私行為是在為自己謀利的；但同時他對自己的封鎖行為，也使他只能從他自身容易厭倦的欲望、波動的情緒、靠不住的內心獲取力量。不同的是，感恩、愛、同情心，這一切將關注投給他人的行為恰恰包含著理解和力量。他不但是從自己，而且是從責任、奉獻、關心中壯大了獲取力量和意義的來源。

在一個孩子對自己痛苦生活的描述中，我們看到了不理解他的爸爸、無能的媽媽、嘲笑他玻璃心的姐姐，他的痛苦似乎都是這些親人造成的。他描述了每個人是怎樣錯誤地對待他的痛苦的。但是反過來，在他的描述中他一次也沒有提到他想了解一下，他爸爸為什麼說「我也很累」，他媽媽為什麼疲倦到一言不發，他姐姐在這種讓人不快的家庭氛圍中有沒有也覺得難過。也許他痛苦得無法自拔，但是如果他能看到他人的痛苦，站在他人的角度來看待親人的不當對待，也就不會讓他的痛苦加重。

分一部分注意力給自己之外的世界，落在自己頭上的雨點也許就沒有那麼重了。

第六節　孩子固執：
源自看不見的內心恐懼

　　在日常生活中，我們有時按照自己接受的常規思維和刻板認知行事不免會產生很多誤會。對孩子行為和性格的某些誤會是其中之一，比如，對孩子固執的認知。一個固執的孩子，給人的表面印象就是沒有理由的頑固。你跟他說天氣預報今天要降溫，讓他多帶一件衣服，但他頑固地搖著頭；你跟他說出去玩可以，但是要記得打電話給家長，告訴家長去了哪裡，這總不是個過分的要求吧？但他還是頑固地搖著頭。

　　在沒有走進他的內心之前，這個頑固的孩子只讓人覺得洩氣。因為頑固本身帶有強硬的氣質，所以當一個孩子表現得很頑固，就像一塊很不好啃的骨頭時，他的強硬根本不會惹起別人的同情心，讓人想到去了解一下他頑固、強硬的背後是否有脆弱的訴求。

　　在《格林童話》裡面，有一個篇幅很短的故事，講的是一個非常固執的女孩，她從不肯聽父母的話，最後不顧父母的警告，執拗地去到可怕的特魯德太太家裡，去瞧瞧傳說中奇怪的特魯德太太家到底有什麼稀奇，結果被變成了一根燒火的木柴。

第七章　孩子常見性格的再認知

　　這個女孩被當成不聽話孩子的反面教材，我們從表面看這個故事，似乎沒有什麼好挖掘的。但其實它告訴了我們事件執行的某種規律：一個固執的孩子，必然比能聽進去意見的孩子更容易吃虧。老話說的好，聽人勸，吃飽飯。但是她為什麼這麼固執，故事沒有交代，固執似乎就是她天生的一個缺點，並沒有任何的來龍去脈。

　　我們在生活中是不是也傾向於認為一個孩子的固執是一種天生的缺點？我們太容易被固執表現出的強硬迷惑住了——這個孩子真犟，也太有主意了。但是如果我們再仔細地觀察和分析，也許會發現他的強硬不是真正外擴性的強硬，不是真正的強硬，他的強硬是像蝸牛殼一樣，是防禦性的、向內的、自保的。

　　所謂外擴性的強硬，顧名思義，是在對外擴展自我的過程中，是和外在融會的過程中表現出來的推進的強硬。而防禦性的強硬，恰恰相反，往往是為了防止自我和外在的融會，而表現出的防守的強硬。前者，正是因為自身強大，需要擴充空間；而後者，就如同堅硬的蝸牛殼包裹的其實是一個柔軟的肉體一樣，強硬也許恰恰是因為內在的脆弱。

　　防禦性的強硬會造成兩個對應的點，一個是接收資訊的有限性；一個是對於已經接收資訊的不肯改變的頑固性。因為這種防禦性的強硬，使得每一個新的資訊想要穿透防禦的銅牆鐵壁進來、被接收，都很困難。同時，那些已經被接收

第六節　孩子固執：源自看不見的內心恐懼

的資訊又被頑固地防守，以防止它遭到破壞。一個頑固的孩子，相較那些內心狀態更自然的孩子，他和外界的關係重點往往已經不是交流，而是守住他內心需要依賴的東西不被外在攪擾。

在別人看來可能只是再平常不過的一個建議、一次說明、一個問題的探討，比如，建議這個孩子多帶一件衣服，以防降溫，但是對這個孩子來講，這可能不是一個平常的建議，這是試圖攻破他的防禦、擾亂他固守的行為方式的進攻。這也許是他頑固的堅持不肯聽解釋的原因之一。

他可能有任性的一面，有時，一個孩子的頑固程度是他對某些事情的強硬堅持，事實上反映的可能是他對某種內心狀態的依賴程度。他有多強硬就恰恰反映了他有多依賴，而依賴又反映出脆弱，或更確切地說缺乏勇氣。

我們或許會問，他在怕什麼嗎？他不見得是怕生活中的新事物、新改變，他害怕的也許是自己的改變。頑固背後的脆弱狀態，不一定是我們想像的那種脆弱，倒更像是由內心的被動怠惰引起、不堪自我改變的脆弱。它必須緊緊把持著什麼，才能刀槍不入、不受傷害。任何進入他的堡壘、瓦解他固有方式的新內容都意味著，他要扔掉他能從中感到力量的思想行為模式，要獨立面對變化和隨著變化而來的對不可知的恐懼感。

第七章　孩子常見性格的再認知

　　頑固的人類似心理學家提到的囤積性格者。在心理學家對囤積性格者的描述中，可以總結出幾個特點：控制，對秩序的要求，不論是事物、思維還是情感上，他的嚴格要求都達到了貧瘠僵硬的程度，這展現了他控制的需求；頑固；節省；防禦性；拒絕密切的關係；公平。它們的相似之處在於都展現了和外在交流互動上的緊縮限制。

　　一個固執的孩子，透過限制和拒絕外在要求變化的資訊進入，從而實現拒絕改變的目的。也許在責備他太過固執的時候，我們應該換個角度來思考，他為什麼這麼固執？在他固執的地方，他緊緊抓住的是什麼？他最固執之處，也許也是他最脆弱之處，是他當下最賴以支撐之處。

　　有效的解決方式不一定是直接對著固執下手。逐漸建立信心和鞏固解決問題的能力，也許是對固執的根治。

第八章
聽話的孩子
和不聽話的孩子

第八章　聽話的孩子和不聽話的孩子

● 第一節　說孩子是否聽話的潛在意思

聽話，說明這個孩子通情達理、好溝通，更重要的是他不僅走彎路的機率更小，更減少了替父母找麻煩的機率，這一點很重要，因為它直接決定了父母的工作量、成效，甚至父母的心情和生活品質。

用簡潔的語言把道理講給孩子聽，並且孩子聽進去了，照做了，還有比這更省事、更舒心的養育嗎？要理解孩子的性格，就要了解身為性格評判方的父母是基於什麼樣的角度來評判孩子的，尤其是在談到孩子是聽話的還是不聽話時。因為這種互動通常只限制在父母與子女之間，父母作為直接利益人，往往意識不到自己除了希望孩子聽取有益的指導，還從個人的角度出發，期望孩子不要給自己找麻煩。

那麼，一個孩子是否麻煩，就可能成為父母對孩子的一個評價和期待角度。聽話的孩子和不聽話的孩子，翻譯過來，也完全可以分類為省心的孩子和麻煩的孩子。這是提醒當父母的，在自己因為孩子不聽話、孩子固執任性而發火的時候，好好反省、捫心自問，有多少是因為孩子聽不進去意見生氣，有多少是因為孩子不肯好好省事的合作，讓父母覺得這是額外在替自己找麻煩而生氣。

第一節　說孩子是否聽話的潛在意思

　　如果我們接受孩子在成長的過程中的麻煩是不可避免的，那麼孩子的成長衝動和他自己天賦的個性是有可能衝破我們認為正確的限制的。而在他的跨越中，成長的不只是他自己，也帶動了我們觀念和認知的更新與成長；他不聽話帶給我們的麻煩，是正常的，甚至是必要的和有益的，或許這能改變我們交流的態度。他不見得會變得更聽話，但是很可能他會變得更愛說話，也更有耐心聽你說話，或者和你交流。交流的品質得以提升，它不再是單向的灌輸，而是對父母與子女雙方都有促進的。

　　在評判一個孩子是聽話還是不聽話時，除了這個孩子本身在這方面究竟是怎麼樣的，經常還包括了我們對和孩子相處狀態的一種期待。我們期待孩子聽話，不僅是期待他聽取我們的教育和建議，還期待相處上的平滑狀態，也就是沒有衝突的、不讓我們煩惱的、順順當當的相處狀態。能給予我們這種狀態的孩子讓我們感到舒服。

　　相反，讓我們感到不舒服、麻煩的相處，是因為孩子不聽話引起的，是一種帶來挑戰的狀態。這樣的挑戰，不排除真的是純粹的麻煩，但也許是有益處的挑戰，只是我們當時難以發覺。

　　不管挑戰是因為這個孩子性格中的固執任性、有個性、太有自己的主意，或任何其他性格特質，需要我們離開舒服的狀態，不得不更細緻地剖析他性格背後的心理因素，付出

195

第八章　聽話的孩子和不聽話的孩子

更多的耐心和智慧引導他成長；還是這種挑戰來自我們自身，在和孩子的衝突中，我們逐漸發現孩子不聽話不完全是孩子的錯，還因為我們有限的認知限制了孩子生命力的正當生長空間。也許對自己的認知是更痛苦的挑戰，這比單純指責孩子不聽話要痛苦得多。

事實上，孩子聽話還是不聽話，要根據孩子具體的性格和原因分析。同時，聽話有聽話的好處和壞處，不聽話有不聽話的好處和壞處。但站在父母評判孩子的角度，認清自己為什麼對孩子聽不聽話這麼在意，孩子聽話還是不聽話，對自己到底意味著什麼，有助於更客觀地對待孩子在這方面的性格。

第二節　聽話的孩子擁有的性格特質

　　如果我們仔細觀察就會發現，同樣是聽話的孩子，但具體也分幾種不同的類型。有的孩子聽話是因為缺乏主見，有的是為了符合社會期待，有的是具有較強的理解能力。這些因素有時又是互相交叉混雜的。比如，聽話而缺乏主見的孩子，有的缺乏理解能力，有的就具備理解能力。既沒有主見又缺乏理解能力的孩子在聽話的同時，顯得對交流缺乏相應的回應；而有的孩子，儘管沒有自己的見解，但是在別人講解的時候，能表現出相應的領悟和思考。這些是不同的。

　　缺乏主見：為什麼一個孩子缺乏主見，就更容易聽話呢？從性格的四個特徵上分析可以比較清晰地看出。

　　一是態度特徵。態度是指向一個對象的，而缺乏主見本身意味著缺乏一個態度對象，也就是說，沒有態度可言可以理解為隨波逐流，隨遇而安；二是意志特徵。既然沒有一個對象，也就缺乏為這個對象堅持和使用意志的動機，意志沒有用武之地了；三是情緒特徵。沒有認定的對象、沒有意志的堅持和反對，也就很難有情緒上的衝突，掃清了接受建議時可能有的情緒對抗；四是理智特徵。如果既缺乏主見，又缺乏辨識能力，對他人的意見自然難以提出質疑和補充，他

第八章　聽話的孩子和不聽話的孩子

人的意見也就可以暢通無阻地接受。

這種孩子可能對父母造成的挑戰比較少，因為他既不會因為「堅持」迫使父母反思，也不會因為「堅持」帶來的情緒衝動迫使父母正視。他缺乏主見，因此也很難提出有說服力的觀點迫使父母跳出局限。這一切不利於父母提高自己和孩子的相處品質。

想要說服他比較容易，但父母就很難有檢視自己教育觀點的機會。對其他面對更有挑戰性親子關係的父母來說，想要有效溝通就不得不建立自己的威信，以求被認可；努力改變自己權威的態度，以求孩子不輕易反感；學著更有親和力，以求情感上的接近。反過來，父母對自己的這些改善有利於父母向孩子提出更好的建議。

符合社會期待：和叛逆的孩子不同，有一類孩子不但自覺聽話，而且積極地模仿和尋求最正確的行為方式與思想觀點。他在很多事情上看上去似乎缺乏鮮明的個性和獨有的想法，一味地按照外在的要求和標準行事。但和僅僅因為缺乏主見而聽話的孩子不同的是，他不但有聽話的動機，而且可能是強烈的動機──符合社會期待。

個體要為他人、公眾與社會所接受，其行為表現必須符合社會對他的角色的期待。

那麼，被接受、符合社會期待、符合外在標準，就成為

第二節　聽話的孩子擁有的性格特質

他主要和主動的動機。他的其他想法可能隨時改變，但在「符合社會期待」這一點上他表現出堅定和不易更改的主見。

跟這樣的孩子講道理，不僅不會遇到阻抗，反之，還會讓人覺得如同水入旱田般被深入地接受。因為，想要被接受，符合社會期待，首先就需要從他人那裡，尤其是具有權威的父母那裡，了解「被接受」的社會期待是什麼，包括怎樣的言行舉止是可行的、被接受的。而按照自己的角色，也首先要了解社會期待是期待自己怎樣扮演自己的角色。自己要學習、具備或表現出哪些能力和性格，才能做到符合社會期待。

而這些讓他具備了一種心理上的需求和主動性。他需要父母的指導和教育。當別的孩子因為父母的教育是從社會期待出發，而感覺約束了自己玩樂天性的時候，相反，卻正好契合了這類孩子追求「符合社會期待」的動機，使他能主動積極地聽取父母的意見，學習和配合著。

有主見與理解能力：在聽話的孩子中，還能看到一種頗有主見卻不固執的孩子。他和有主見卻十分固執的孩子不同，他的主見有更多理性的成分，而這種理性來自對周圍事物的洞察、思考和理解，通常是各種因素權衡之後的結果。這使得主見並不能成為一塊絆腳石，讓他聽不進去別人的意見。

在心理學上有一個對「社會知覺」的定義：社會知覺包括複雜的認知過程，既有對人的外部特徵和人格特徵的知

第八章　聽話的孩子和不聽話的孩子

覺，又有對人際關係的知覺以及對行為原因的推理、判斷與解釋。

在這類孩子身上，常常會展現出明顯的社會知覺能力。也可以說是與自身之外的事物廣闊的聯網能力。他不會因為父母不準他玩遊戲，限定他必須每天背多少個單字而生氣。這可能違背了他想玩的心願，但是他是認可這個要求的，雖然也不見得就有這種自制力能達到父母的要求。

他的知覺能力使得他不僅知覺到個人的心願，還能對父母為什麼提出這個要求、這個要求的意義、達到這個要求會怎樣、達不到這個要求又會怎樣有一系列的推理、判斷和解釋。他知覺自己不是獨立的存在，而是西洋骨牌中的一塊。他的主見也不是完全以自我為中心建立的，而是要考慮到他人的感受、他人的利益和可能出現的結果。可以說，他的理性不是空穴來風。知覺到這個網路的存在能讓他敞開心扉，傾聽他人的建議。

第三節
不聽話的孩子擁有的性格特質

雖然我們可能喜歡把不聽話的孩子歸為一類，但不聽話的孩子卻可能在不聽話這一點上表現出鮮明的個性差異。一個衝動的孩子，他不聽話是因為性格急躁，沒有耐心去聽取和吸收父母的意見，或者說他的衝動比理性更強地支配了他。而叛逆的孩子，往往對父母的意見抱有明確而有意識的抗拒。以自我為中心的孩子，則完全被自我占據，對自我主張之外的意見充耳不聞。有個性的孩子，則是試圖衝破限制他成長的行為陳規和觀點局限。

衝動：首先，在我們想責備一個孩子不聽話之前，應該意識到一件事，那就是對每個人來說，衝動水準是不一樣的。這就意味著對有些孩子來說，聽話比適應環境、表現良好要容易得多。而在同樣的要求下，對另一些孩子來說，卻可能要付出加倍的努力，才只能達到減少批評的程度。雖然，外表上看他們都一樣健康和聰明。

對一個有強烈的玩的衝動的孩子來說，他不只是在一個瞬間突然就扔下功課，抵擋不住玩耍的誘惑跑出去玩了。在衝動的背後，我們看到了情緒的強度和需求的強度，看到了

第八章　聽話的孩子和不聽話的孩子

他心理構成上的不同。當我們認為他自制力差，而那些能耐住枯燥、一直守在書桌邊的孩子是聽話的、有毅力的，我們可能沒有公平地評估一個條件，那就是我們假定玩耍對所有的孩子來說都具有同等的誘惑，但事實上它對孩子的誘惑程度並不一樣。

所以對一個衝動水準較高的孩子來說，他比別的孩子更容易衝動，他總是容易被超過他自身控制能力的強烈情緒，或者某種強烈的需求支配。他不聽話，也許不是他不想聽話，而是他身不由己，自己不能支配自己。

叛逆、挫折與攻擊：在面對同樣的嘮叨和約束時，有的孩子會有強烈的反抗心理，有的則不會。

反抗心理是指個體用相反的態度與行為來對外界的勸導做出反應的現象。反抗心理是一種心理抗拒反應。

在不聽話的孩子中常有這樣的反抗心理、叛逆行為。你越讓他念書，他越不去；你越讓他多吃點青菜，他越把青菜從眼前推開；你越讓他走路慢點，他越跑得飛快。他不但是不聽父母的建議，而且是和父母的建議對著來。這一點也許到了青春期會變得更加明顯。

他表現出了對別人意見或行為的有意識的反感、抵制、破壞。這和單純是因為固執、任性、自我，不聽父母意見的行為是不同的。在這其中有強烈的抗拒意識和抗拒情緒，甚

第三節　不聽話的孩子擁有的性格特質

至可能事情本身如何已經不重要，他是否更不喜歡吃青菜，更想撒腿快跑，這些已經不重要，重要的是他要發洩對「指導」的情緒和對做出指導這種行為的人的情緒。這種發洩有時帶有攻擊性的意味。

此時，我們可能需要關注的是他的不聽話、攻擊性和挫折的關係。他為什麼反應這麼大，除了指導者自身可能存在的問題，比如態度，或者是觸碰了不該觸碰的話題，還有很重要的一點是指導的方式或內容，是否正好觸發了他的挫折感。並不是所有的挫折都可見，有些只是個人隱祕的感受。當孩子在某些方面感覺軟弱無力、自卑恐懼，那麼所有觸及他挫折感的意見，哪怕無比正確都有可能遭到他強烈的反對。

自我中心：以自我為中心的孩子，因為一切以自我為中心，所以容易放大他自己的需求，相應地在社會知覺上就變得不敏感。這帶給他的弊端是，考慮問題難以綜合各種必需的因素，而總是著重在「我想要怎樣」上。

「明天我想去遊樂園。」「媽媽明天有事，改天好嗎？」「我就想要明天去遊樂園。」「可是，媽媽明天事情很重要，媽媽答應你，等媽媽有時間一定馬上帶你去好嗎？」「我明天要去遊樂園。」

在這樣一方以自我為中心的談話中，交流總是容易停在原點。因為你說什麼，他都好像不理解。他缺乏對他人的知

第八章　聽話的孩子和不聽話的孩子

覺,對他人感受的知覺、利益的知覺,甚至缺乏對行為後果的知覺。這樣他從動機和需求上,都不需要別人的意見。既然不需要,就不會認真聽。

在他和外在的互動模式上有個鮮明的特點,那就是他只表達「我」的想法和需求,而不需要知道外在的想法和需求。他要求的是外在適應他的需求,而不是他透過接收和理解外在的資訊,調整自己的需求以適應恰當的條件。

他的不聽話,事實上是一種對外在的要求,要求外在反過來聽他的話,適應他的要求。

有個性:歷史上不乏小時候不聽話,長大了卻很出色的明星人物。這些人物,沒有按照父母為他們規劃出的安全的成長路線、體面的生活方式去成長,而是遵循自己的興趣愛好、性格要求,走出了一條真正屬於自己的個性之路。

觀察不聽話的孩子,有時會發現他不聽話和他對父母建議的態度無關,和抵抗的情緒無關,和缺乏意志力無關,和他的理智無關。在他的「不聽話」中,沒有對「聽話」的有意拒絕。事實上,不聽話的不是他,而是他自身的生長節奏、生長需求、生長目標,在要求適合自身的生長方式。而父母為他規劃出的生活範圍和目標,相形之下顯得既不合適又太過狹小陳舊。

他顯得不聽話,不是真的不聽話,它本質上表現的是一

第三節　不聽話的孩子擁有的性格特質

種不匹配狀態。就好像不能把一棵大樹種在花盆裡，當他個性的東西要求成長，父母的規劃指導又限制了他成長的時候，對他而言，他不是有意地拒絕父母的教導，不聽父母的話，而是個性成長的自動需要。像樹枝越過牆頭一樣，自然而然地越過了限制，尋求個性的伸展。

第八章　聽話的孩子和不聽話的孩子

■ 第四節
孩子聽話與否背後的心理因素

我們也許需要注意，在孩子聽話還是不聽話的行為背後都有深刻的心理因素。看起來，這只是一個簡單的行為——聽話還是不聽話，但這個看似簡單的行為，卻包含著他「原有態度與信念的特性、人格因素、個體的心理傾向」等多方面的因素。

聽話孩子的幾種心理因素：

親和動機：在聽話的孩子中，也許特別注重追求「符合社會期待」的孩子，會有相對更強的親和需要和親和動機。

親和的作用之一：個體透過與他人建立連繫，滿足某些社會性需求，比如，交往與尊重的需求、愛的需求。

他聽話，是因為他想要符合社會期待。而他想符合社會期待，是因為符合社會期待就會為他帶來認可、尊重和愛。為什麼他比別的孩子更在意和需要這些呢？因為認可、尊重和愛，也可以說被接受，是人際關係中強力的親和劑，是自我和外在最親密融合的表現。強力地融入這個體系，接受它的標準和準則，成為它的一部分，這是他心理上的親和需求，這也是為什麼他注重符合社會期待的原因。

對他來說，聽話是對於外在的資訊保持高度注意和積極

第四節　孩子聽話與否背後的心理因素

學習，這本身也是自我和外在努力親和的表現。

從眾心理：有的孩子聽話是出於從眾心理。他如果好好地動用自己的智慧，不見得是一個沒主見的孩子。但是他卻可能出於恐懼，不肯動用自己的智慧，心甘情願地跟著別人的指揮棒走。

產生從眾行為的原因：尋求行為參照；對偏離的恐懼；群體凝聚力。

在這種孩子身上，這些因素都可以看到。他在聽話的過程中，既可以透過指導、教育、交談，找到和他人一致的參照標準；又出於對群體偏離的恐懼，本身就有聆聽建議的需求。這種需求讓他在聽話這件事上，有主動性和接受的心理基礎。同時，群體認同感對他是有吸引力的。也許，他並不在意聽到的話對不對，和事實實際上是怎樣，又應該怎樣比起來，他更在意的是怎樣才能和別人一樣。

這看起來似乎和「符合社會期待」的親和動機有些相似，但在抱負水準上是有很大差異的。出於從眾心理而聽話，只是為了追求和他人的一致；而後者的抱負水準要更高一些，他的親和符合社會期待，是為了這一點能為自己帶來更高的需求回報、更大的發揮空間。

配合意識：我們有時會發現，有些聽話的孩子還同時具有善解人意、體諒他人的性格。正是這樣的性格讓他保持敏

第八章　聽話的孩子和不聽話的孩子

銳的知覺能力和知覺意識。他認真聽他人說話，認真地把這些話聽到心裡，是源於對他人的有意識的關切。他有意識的關切他人想說什麼，有什麼樣的感受和想法。

他這樣做並不完全是為了自己，才把自己完全放在一個從眾或者學習模仿的位置上，而是他的善解人意、體諒、知覺能力使他有意識地去認知他人的想法、需要，並盡可能地理解和配合他人——通常是父母的要求、願望、感受，但這並不意味著他沒有主見。

在他表現出的聽話中，更多的不是以自己的利益為出發點，而是以對父母和他人的知覺為出發點。這樣的知覺包含的關切，既加深了情感能力又加深了認知能力，能讓他在充分聽取父母意見的同時，以平和的心態對待所有認同的和不認同的意見。

不聽話孩子的幾種心理因素：

防禦動機：我們有時只是注意到孩子有多不聽話，卻很難意識到他不聽話，不是因為他真的聽不到或者聽不懂我們在說什麼。恰恰相反的是，他反抗得越激烈，越不聽我們的話，越表明我們的話對他產生了影響，但很可能是不良的影響，這使他不得不以抗拒來實施對內心的防禦。

但他在防禦什麼呢？

一是防止情緒擾亂。有時孩子不聽話，是因為父母嘮叨

得太厲害了，他拒絕再聽下去，是為了防衛不堪承受的、過量的重複資訊對自己帶來的擾亂。二是保護自我價值。父母有時出於親情的直率，在教導孩子時，不注意保護孩子的自我價值。更重要的是，有時父母甚至不知道孩子的自我價值在哪裡。

比如，強迫一個害羞的孩子大方起來，但孩子可能表現出明顯的拒絕。他看起來很不聽話，但實際上，聽從了這個建議對他來說意味著承認自己是害羞的，是有一個不被接受的缺點的。這在他還不足夠成熟、不足夠強大到能主動面對的時候，只有死撐著不承認、拒絕，才能既保護自我價值，又逃避面對改變時的膽怯。

畏難情緒：我們要求孩子聽話──通常是指出他的缺點或對他提出要求時，經常假設一個前提，就是只要他聽進去了他就能做到，卻忽略了一個事實，他是不是有能力做到，他是不是感到害怕而無助。

如果我們不了解孩子可能存在的畏難情緒，而只是一遍一遍地和他講，你應該加強自己的表達能力，應該學著把自己的想法，把遇到的問題完整、準確地表達出來，那樣我們和孩子的交流就會陷入溝通閉環，我們只能得出一個印象：這個孩子太頑固了，這麼簡單的道理都聽不進去。

對孩子來說，事情卻沒有這麼簡單。聽進去，不只是點

第八章　聽話的孩子和不聽話的孩子

一下頭就可以了。這表示接下了一個挑戰自己弱項的任務，而他對這項挑戰有著隱蔽的畏難情緒。父母以為他不聽自己的意見，是因為頑固、不聽話，但事實上，他就好像怕水的孩子站在水邊，父母怎麼鼓勵他、要求他，他都不肯下水一樣，並不是因為不聽話，而是因為感到害怕。

有主見與任性：因為有主見而不聽話的孩子和因為任性而不聽話的孩子，都表現出了一定程度地對約束的掙脫。但有主見的孩子，掙脫約束是因為「約束」在某些方面不適合甚至限制了他的成長。而任性的孩子痛恨約束是因為它限制了他的任性。

一個是成長的意志強過外在的影響，一個是衝動的意志強過外在的影響。

同樣都是不聽話，他們的表現方式卻很可能有差異。任性的孩子因為衝動的意志更強，會有比較多情緒化的表達，表現出以自我為中心、難以溝通的特點，這往往是一種驕傲心理的發作。而有主見的孩子，因為他有自己的想法，比較不依賴外在的認可和建議，有時難免顯得不是那麼容易接受外在的意見。但這更多是出於內心某種程度的自信，而不是對外在影響的抗拒和無視。

第五節　好漢不吃眼前虧：表面聽話，心裡不聽話

有一對兄妹，哥哥經常挨父母打，但妹妹很得寵，因為在父母的心目中，小女兒很聽話。但她真的很聽話嗎？在父母看不見的時候，她做過的「壞」事和哥哥一樣多。但她和哥哥的差別是，哥哥不管怎麼挨打都不改口、不認錯，而她卻有很強的認錯策略，不用等父母真的擼起袖子，只需父母一瞪眼睛，她立刻就會說，我知道錯了，下次再也不敢了。

當父母看到她一副認錯的樣子，態度立刻就軟化了下來，於是一場風暴變成和顏悅色的批評加鼓勵。在父母眼裡，看到的是一個頻頻點頭非常聽話的孩子。但在她心裡，她想的只是怎麼快速地把這場談話敷衍過去，敷衍過去之後，她就又可以愛怎麼樣就怎麼樣了。至於說父母講的道理，她可以先放在心裡，等她跑出去玩過癮了再說。她不是不聽，只是現在不聽。等到下一次，她還是犯了同樣的錯誤，再用同樣出色的認錯態度矇混過關。

在這裡，我們看到了一種權宜心理。

個體總是按社會規範和社會期待或他人意志，在外顯行為方面表現得與他人一致，以獲得獎勵，避免懲罰。此時，

第八章　聽話的孩子和不聽話的孩子

行為受外因控制。依從是表面的、暫時的權宜之計，是一種印象管理策略。

對這個孩子來說，首先她清楚地知道規範是什麼，也就是知道什麼是該做的，什麼是不該做的。同時她還知道她怎麼做才能符合在此種情形下（做了錯事的情形）父母對她的期待。父母期待她意識到自己的錯誤，並保證從中吸取教訓、做出努力，下一次再也不會犯同樣的錯誤。她只要按照父母的期待，表現出真心的認錯態度，並明確說出她錯在哪裡，她就能避免像哥哥那樣挨打。所以她不僅不會受到懲罰，有時她聽話配合的態度，還能得到父母的讚賞。

除了逃避懲罰，獲得獎勵，這種權宜之計，還有一個極大的用處，那就是它同時也是一種防禦策略。它和社交焦慮者在談話時，總是對他人的話點頭稱是，以此來逃避別人可能對他產生的質疑有異曲同工之妙。它也同樣以表示順從的方式，防止自己在談話中過於暴露，而使得自己露出軟肋，遭到質疑。一旦遭到質疑，她就很難再按照自己的想法行事了。

不管父母說什麼都頻頻點頭表示同意，同時心中又有著自己的小算盤，無比堅定。這大概是看起來最容易，實際上又是最難見到成效的溝通。因為在這種表面聽話、心裡不聽話的策略背後，我們可能看到的完全不是表面上那個順從的孩子，而很可能是一個有主意、任性、固執、拒絕改變又很

第五節　好漢不吃眼前虧：表面聽話，心裡不聽話

難讓父母真正觸碰到的孩子。

觸摸不到他真正的想法所在，是因為他出於權宜心理，給出了一副態度的假象。這種假象，讓當父母的誤以為自己的談話已經奏效了，這樣他們就會放鬆警惕，也不再因為孩子表現出不聽話的樣子，一而再再而三地抓住他不放，重複地和他講道理。這就為他逃脫父母嚴密的說教和管束，任性妄為地做自己喜歡做的事贏得了相當的空間。

在這種心理支配下的孩子，大概是不好說服的一類孩子。一個孩子如果正大光明地表現出不聽話的一面，表現出他的固執、任性、人小主意大，倒恰好表明了他心理鬆動的可能，因為他不聽話的態度，著重點在堅持自己的主張上。而表面上聽話，內心卻有自己主意的孩子，他這種權宜的態度，著重點在化解對方的態度上。雖然這種曲線的方式，最終也是為了堅持自己的想法，似乎和前者沒什麼不同，但最大的區別是，前者對於父母施加影響力留有足夠的空間，只要父母找到他真正的問題所在，並方法得宜；而後者，用這種隱藏自己真正想法的方式，讓父母難以找到問題的癥結所在，也就無從做到有的放矢，施加真正的影響。

兩者的態度指向也不同，一個態度是堅持自我，一個態度是假裝順從。假裝順從比單純地堅持自我，更多了一層有意識的成分。這就使得表面聽話、內心不聽話的孩子比單純因為固執任性不聽話的孩子更難說服。

213

第八章　聽話的孩子和不聽話的孩子

　　已經內化了的態度作為接受者的價值觀和態度體系的一部分不易轉變。

　　已成為既定事實的態度，即接受者根據直接的經驗形成的態度不易轉變。

　　與個體的需求密切關聯的態度不易轉變。

　　一個固執任性的孩子，他不聽話可能只是因為他所堅持的東西和他的需求密切相關。而一個表面順從、內心不順從的孩子，卻可能三條不易轉變的理由都占全了。它不僅和他的需求相關，還包含有意識的成分。權宜，作為一種處世的技巧或許已經成為他態度體系的一部分，這就成為真正有效溝通的一個障礙。而從過往權宜之計的成功經驗中，他也嘗到了甜頭，也就更加形成了以權宜的方式行事的態度。這些都加固了他態度轉變的難度。

　　這時，他有意識地捍衛的不僅是他的主張，他還捍衛著他自己不被別人說服——不讓別人有機會說服自己。從某種程度上說，也許只有真正觸碰到他的心之所在，才能和他有真正的溝通。

第六節　鴨子煮熟了嘴還硬：心裡聽話，表面不聽話

和表面聽話、心裡不聽話的孩子正好相反的，有這樣一類孩子，他們屬於鴨子煮熟了嘴還硬的類型。心裡其實是聽話的，但就是嘴硬，愛唱反調。這樣的孩子自然很難討巧，父母也許跟他談過話就忘了，殊不知他一邊頂嘴，一邊把自己的話聽進心裡了，而只是留下一個他不聽話的印象。

那他為什麼要做出這樣吃力不討好的事情？既然心裡對父母的意見，從一開始就是接受的，又為什麼要表現出一副不同意的、反對的樣子，自討苦吃？

在面臨轉變態度的壓力時，個體的反抗心理、心理慣性、保留面子等心理傾向會使其拒絕他人的說服，從而影響態度轉變。人們通常利用一些自我防衛的策略來減少說服資訊對自己的影響，比如，籠統拒絕、貶損來源、歪曲資訊、論點辯駁等。

假如父母不說「天太冷了，再加件衣服」，孩子自己本來也可能覺得太冷，想加件衣服。但聽到父母這樣說，莫名地就反感起來，就想唱反調。這種叛逆，表面上似乎和談話的內容有關，是在反對對方提出的建議，但真正反對的是被支

第八章　聽話的孩子和不聽話的孩子

配的感覺。父母是否有支配的意圖是一回事，重要的是孩子拒絕被支配的不自由。他也可能過一會，自己再偷偷地把衣服穿上，但在聽到這個建議的時候，卻一定要表示反對。

　　從行為上看，這簡直莫名其妙、多此一舉。自己也覺得冷，早晚會加上件衣服，又何必和父母唱反調，白白挨罵？但在心理感受上，這個貌似無用的迂迴又是有意義的。透過這種叛逆反應，他最終加上衣服這種行為，給他的感覺是出於自己的決定，而不是在父母的指導下，不是一種受限制的服從行為。

　　有時，孩子表面上不聽話、心裡聽話的行為，還反映出他的「接受」需要一個過程，不能一蹴而就。這給我們提出一個警醒，我們和孩子的衝突集中在他對我們的建議，不能立刻地理解、接受，並作出我們希望他做出的反應。因為我們習慣相信溝通的力量，而沒有仔細去想，溝通有時就是一個基礎的工作，一個打地基的工作，根本不能立竿見影。

　　我們和孩子的談話只是播種前的鬆土。我們要給他的心理慣性留有過渡的時間和餘地。他聽到父母的意見表示反對，並不說明他真的反對，而只是表明了他此時沒有做好準備接受的心理狀態。比如，他自己也認為應該好好念書，但又沒有下定擺脫壞習慣的決心，他在觀點上是認同父母要他好好念書教誨的；但在心理慣性上，還殘留著很多對壞習慣的依賴和留戀，這就讓他在和父母的溝通中，心中明明是認

第六節　鴨子煮熟了嘴還硬：心裡聽話，表面不聽話

可父母的，偏偏嘴上要表示反對。因為此時他還沒有做好準備，也就是還沒有能力履行父母的教導，所以他不能答應，只能表示反對。

只要給孩子時間，假以時日，讓他按照自己的節奏和能力成長，慢慢完成心理慣性上的過渡，就有可能發現，父母撒在他心裡、以為失效的種子，都在慢慢地成長和發生作用。

而孩子對父母意見的強烈反對，往往來自對自尊的維護、對面子的維護。有些問題，在他沒有做好解決的準備時，是不能被提及的。恰好是他自己也認同的某項缺點、某種不當的行為被父母明確指出來，這可能才是最激怒他的。在這種時候，我們容易誤解為他太倔強，對於如此明顯的事實和簡單的道理都不能理解。而真正的問題，卻恰恰可能是父母說到他心坎裡了，戳到了他的痛處。這才是他反應強烈的原因。

他不是因為不同意父母的意見才反對，而是因為他知道那是正確的才反對。如果他從心裡就不認同父母的意見，尤其是對他批評的意見，他說不定還能表現得更平和一點兒。因為他知道那不是真的，他可能感到氣惱，但不會感到羞辱。羞辱最傷人的部分，也許不是來自他人，而是來自自己的認同。

當他的問題沒有被指出來的時候，他還可以選擇忽視它，假裝它不存在。一旦被指出，他就只能奮起反擊。他反擊的其實不是父母，而是來自自尊的羞辱感。他不大可能在

217

第八章　聽話的孩子和不聽話的孩子

此時聽話，如果在此時就表示同意父母的意見，等於同意自尊的羞辱感是正確的。這會讓他失去力量。

反過來，他雖然嘴上強烈反對，但這只是在給自己一個消化的時間，讓他在沒失去自我價值感的情況下，保持著改善的力量，慢慢面對他其實認同的問題。

如果父母不了解孩子這些心理特點，不但會在和孩子溝通時搞得雙方關係很僵，而且容易誤解孩子的性格，很快就會和孩子陷入雞同鴨講的境地。孩子表現出來的對父母意見的莫名拒絕、有敵意的貶損、故意的歪曲，都會讓父母怒不可遏，甚至會讓父母對孩子的性格做出不良評判——固執、不友好、難溝通。

但是，我們如果早點知道，他其實都是明白道理的，也是從心裡接受的；知道他頂嘴，不聽話，是一種表面的反應，事實上有分流壓力、疏解情緒的作用；知道我們說的那些話已經被他聽進了心裡，而且總會有發揮作用的時候，那麼，我們可能就不會這麼生氣了。

第九章
辨識孩子的性格假面具

第九章　辨識孩子的性格假面具

● 第一節　喬裝自己：戴上性格假面具

當我們付出精力關注孩子好性格的養成時，也要當心孩子是否在我們的過度關注和評判下，悄悄戴上了性格假面具。他知道什麼是「好」的性格，受歡迎的性格，什麼是「不好」的性格，不被接受的性格。擁有「好」的性格，改掉「不好」的性格，最便捷的途徑，就是假裝出自己沒有的性格，同時隱藏自己真正的性格。

印象管理是指個體以一定的方式去影響他人對自己的印象，即個體進行自我形象的控制，並透過一定的方法去影響別人對自己的印象形成過程，使他人對自己的印象符合自我的期待。

從以上的定義中，我們可以看到，第一，孩子從對性格的評判中，聽出了性格評判中包含的性格要求、性格標準和性格期待；第二，孩子透過印象管理，迎合這種性格期待，其意是換得一種符合自己期望的、他人對待自己的方式。

在我們談到個體為了獲得獎勵、逃避懲罰，做出和社會期待、他人意志一致的行為時，我們或許容易將這種獎勵和懲罰的範圍窄化。對孩子來說，似乎獎勵就是表揚，懲罰就是批評。但實際上，獎勵和懲罰的意義還要廣泛得多。

第一節　喬裝自己：戴上性格假面具

獎勵，還包括他人以一種讓自己感到愉悅的、輕鬆的、滿足自尊的日常方式對待自己；而懲罰則包括他人以一種讓自己不快的、難以應付的日常方式對待自己。這意味著，這不是針對某件事情給出的獨立的表揚或批評，它是常態化的、連續性的。具體到性格，人們按照對於性格的刻板印象，也很容易對不同的性格類型給出相應的刻板對待方式。

刻板印象具有社會適應的意義，能使人的社會知覺過程簡化。

我們對於外向的孩子一般會有更多的誇讚、鼓勵，甚至在他張嘴表達之前，就已經給予一種情緒暗示，表示我們期待和相信他的表現。這就使得在表達的起點，他遇到的外在的表達阻力就小。而如果我們認為一個孩子是內向的，他可能一句話還沒有說完，我們就會善意地打斷他說，別太害羞了。因為我們事先已經認定他是害羞的、不善於表達的。這無形中使他在表達時遇到更多阻力。他下次再想表達時，也許會需要更多的勇氣。

事實上，孩子可能會感覺到戴上性格假面具的便利。他對性格期待的迎合，不只是為了取悅父母和大人。重要的是，這會讓他輕易獲得自己想要的被對待的方式，甚至是別人的喜愛。同時，也會讓他擺脫令人煩惱的、環境對他性格的質疑和挑戰。

第九章　辨識孩子的性格假面具

被接受的需求：當一個孩子的性格不被環境接受，這種「不被接受」，有時是以隱蔽的、難以發覺其性質的方式表達的。可以是挑剌的、批評的、攻擊性的，甚至是以「為你好」的名義對性格進行強制改造。

比如，一個孩子給人的印象是性格內向，這就可能吸引到這樣的行為：就像含羞草的葉子一樣一碰就會閉合起來，但其實含羞草的這一特點更讓人樂意碰碰它的葉子，看看它「害羞」的樣子；性格內向也一樣，有時在人際交往中表現出來的困窘、害羞，也會招來更多對他性格這一特點的關注和更加針對這一特點的建議、要求、評價。「你不要這麼害羞呀！」「你要練習多表達！」於是，這個孩子會發現自己處在煩惱的生活中，總是處於「被矯正」的狀態。

「不被接受」並不是一種可以置之不理的態度，似乎他人將這種態度藏在心裡只是他個人的觀念。不被接受，代表了他人還可能評判、干預、試圖按自己的意願改變不被接受的東西。其中，攻擊性行為有時也是對自己不接受的人、觀念的一種比較激烈的表達方式。在攻擊性行為中，我們雖然更直接的感受是攻擊，但有時在這種攻擊性行為中隱含著「不被接受」的意味。攻擊性指向的往往是另一方「不被接受」的地方。直觀的形容，就如同把不被接受者驅逐出自己的領地。

那麼，很顯然，一個孩子在短期內很難改變自己性格的情況下，戴上一個「被接受」的性格假面具會給自己省去很多

第一節　喬裝自己：⋯⋯⋯人格假面具

麻煩，這也是對安全感需要的延續。

合群的需求：在對從眾行為的研究中，我們可以看到對合群的需求。前面已經說過，引發從眾行為的原因，尋求行為參照、對偏離群體的恐懼、群體凝聚力對個體吸引，這些幾乎都包含著在群體中獲得安全感的需求。所以這一點對兒童來說，也許尤為重要。

對兒童而言，安全是最基本、最具優勢性的需求，遠比獨立和自我實現重要得多。

有一個被接受的性格，會讓孩子在合群的問題上減少阻力和挑戰。他能更容易地和群體中的孩子打成一片，這意味著他獲得了表達的自由。當他處在自我孤立、不合群的群體狀態時，他其實是不自由的。並不是說他表達自己獨特的個性不自由，而是恰好他也許只能表達他個性的、獨有的部分，失去了表達人格需求共性的自由。

在他個性的部分之外，他也有對友情的需求、對尊重和愛的需求、對合群的安全感的需求。他的人性中共有的親和需求的表達，在他自我孤立的時候，是忸怩的、難以表達的。而在他融入群體的時候，他才獲得了這種自由，自由地表達他的親和需求：他和別人建立連繫的來往的需求、和別人互通資訊的求、分享和分擔情緒的需求、不被孤立的需求。

223

第九章　辨識格假面具

言之，他的這些需求往往在合群的情況下才能得到
順表達。他的不安、他內心中對安全感的追求，也在合
才能得到自由的釋放。這是孩子在某些時候選擇戴上性
假面具的原因。

第二節　強迫的外向：外向而孤獨

當我們看到孩子害羞被動，我們可能會著急地說多笑一笑啊，活潑一點啊。好像笑一笑、調動起情緒是很容易的事情。為什麼孩子就不能表現得外向一點呢？這看起來完全在他能力掌握之內，就看他願不願意這麼做。但事實真是這樣嗎？

在心理學上提到了氣質的五種特性：感受性和耐受性；反應的敏捷性；可塑性；情緒的興奮性；指向性。其中，指向性說的是人的言語、思維和情感常指向於外還是常指向於內。常指向於外者為外向，常指向於內者為內向。指向性和情緒的興奮性有密切的關係，情緒的興奮性高者為外向，情緒的興奮性低者為內向。

也就是說，從表面上看這是一種很簡單的選擇、易於操作的性格表現，比如，表現得外向一點，但外向的背後，如同其他所有性格特質一樣，有著一整套和自己配套的性格氣質特性和與這些性格特質匹配的需求。同時，指向性是指向內還是指向外時，它言語的方式、思維的興趣點、情感的感受深度是不同的。滿足的條件和方式也是不同的，並不僅僅是表面上看起來的表現形式的不同。

第九章　辨識孩子的性格假面具

　　這就使得模仿一種自己不具備的性格會讓人感到緊張和疲憊，並且不愉快。模仿一種性格的形式並不難，比如強行外向，在短時間內，模擬外向性格具有的情緒的高興奮性也許是可以的。但是嚴重的是，這種模仿有時會造成性格形式和內心之間的分裂與感受之間的分裂。

　　這就好比一個化裝成自己的人掠取了自己的生活，而真正的你卻被孤獨地囚禁在與世隔絕的地方。一個強行外向的孩子，不管是被大人強迫，還是自己主動模仿，他必然會隱藏他的部分行為。隱藏自己真正的性格，包括隱藏自己的真正感受、需求，抑制了自己情緒的交流和發洩管道。

　　外向而孤獨的悖論之處在於，外向代表了一種向外的表現和聯結──外向者的言語、思維和情感都是指向外的，在社交中恰好是融入群體的功能性性格，理論上應該獲得更多的友誼、情感支持，但為什麼模仿了外向的性格表現反而感到孤獨呢？

　　心理學家對孤獨有著鞭辟入裡的解釋：「孤獨涉及我們對社會交流的多少和交往品質的知覺。」

　　這可以解釋，為什麼有的時候我們身處人群之中，卻仍然感到孤獨，甚至更加孤獨。因為在同樣的人群中，在同樣的交流數量中，交往的品質有時是取決於個人的性格需求和與之而來的感受的。

第二節　強迫的外向：外向而孤獨

一個真正外向傾向的孩子和一個強行外向的孩子，他們在貌似相同的外向行為中，不但付出的精力是不同的，而且從中得到的感受也很有可能大相逕庭。

首先，真正外向的孩子，他不必隱藏和抑制自己真正的性格，並付出額外的努力來學習一種性格表現。兩相對比，他在心態上就是輕鬆的。這也意味著他沒有產生額外的負擔或者情緒讓他需求一個傾訴、理解和分擔的他人。孤獨的產生，還有很重要的一點，就是需求一個可以分擔的他人，但卻得不到。如果根本就沒有這種需求，就不可能在這一點上產生孤獨的感覺。

強行外向的孩子則正好相反。強行外向，本身就是一種孤獨的挑戰。其會帶來心理負擔、恐懼和一種只有自己知道真相的孤獨。這種負擔會讓孩子產生對更深入關係的需求，如果得不到就會感到孤獨。

同時，一個外向傾向的孩子，他的外向更多是一種性格的自然表達，減少了對社會化需求的目的性。而一個強行外向的孩子，他顯然在自己性格表現的有意識改變中，有更強的需求目的。這會改變他們對交往品質的感受。

對前者來說，也許簡單的交流就足夠讓他感到愉快和滿意了。因為他情緒的興奮、活潑歡快，都是他本身就飽滿的情緒的外溢和分享。分享本身就帶來高品質的交往感受。對

第九章 辨識孩子的性格假面具

後者來說，外向情緒的表現是一種刻意努力的結果，他需要的不是分享就夠了，他需要在交往中得到和他付出的努力相匹配的回饋。這包括他在努力表現外向時所產生的相應的心理感受，需要外在情感的相應撫慰和補償。如果得不到，他的孤獨會加倍。但他在外向表現中所收穫的關係和情感，又不可避免地帶有外向型交往的特點──外向情緒的興奮性所指向的情緒型交往，往往不會涉及更深入的情感和感受；外向型交往，滿足的是外向型的性格需求。

一個孩子，雖然可以強行表現出外向的性格傾向，但他的天性，他指向內心的思維和情感，意味著也許只有深入的情感和交流才是一種真正的交流；只有深入內心建立起來的情感連繫，才能帶來真正的情感支持和社交滿足。而強行外向的表現，雖然可能帶來了社交上的成功，卻不能滿足他真正的性格需求。他一方面會因為在扮演一個角色而感到孤獨；另一方面會因為真實的自己不被接受而感到孤獨。

這就是為什麼一個孩子在強行表現出外向的性格，看起來外向活潑、交友廣泛、合群適應的同時，內心卻可能正在感到孤獨。因為在和外界交流的並不是他，真正的他並沒有和外在有真實的交流，更沒有和外在建立真正的連繫，因而也不能從交流中得到真正的滿足。

第三節　效仿的積極：內心更加窒息

　　有時父母也許會抱怨，孩子整天趴在課本上，努力倒是很努力，就是缺乏念書效率，怎麼努力都不見成績進步。拋開別的因素不談，對有些孩子來說，存在這樣一種可能性：他行為上的積極性也許是他內心消極的反應。

　　這兩者之間有什麼關係呢？首先我們要看他積極行為的指向是什麼。從表面看，他是為了取得好成績而向更積極的生活靠攏，其行為的最終指向是更好的自己。但如果驅動他積極行為的驅動力並不是來自他自身產生的意願，而是對外在要求、標準的效仿、迎合，其實質就恰好不是積極地服務自我，而是被動地服務他人。我們就能看出他積極行為和內在消極之間的關係。

　　和有強烈的「符合社會期望」動機的孩子不同的是，前者追求的目的是為了達成自己的需求；而後者效仿和迎合被期望的「積極」性格，並不是為了滿足自己的需求，僅僅是為了讓他人滿意。這意味著他比前者也許更缺乏來自內驅力的正向動力。他外在行為上積極的節奏，很可能和他內心中真實的性格需求、性格感受是脫節的。這樣的脫節，一方面會造成積極行為的低效；另一方面會因為行為上的積極性無法兼

第九章　辨識孩子的性格假面具

顧內心需求處理的消極反應，而成為焦慮的積極性。

低效積極：一個孩子可以透過行為上的積極性來確保內心的狀態不受打擾。只要他行為上是積極的、配合的，他就有可能逃過無休止的說教，不讓這些說教擾亂自己的內心，在內心實現愛怎麼樣就怎麼樣的自由。他雖然行為上積極主動，但內心卻可以完全在行為假象的庇護下不受外在要求的支配和影響，保持不參與的狀態。此時他的積極性反而是一種和外在保持距離的做法。

這種心理下的行為，表現得再積極，也並不容易出效果。因為只是他四肢行為表現出積極性。他的頭腦、心，也就是活力的開關——掌管著四通八達的知識連繫和互相激發的網絡是處在蟄伏的昏蒙狀態。他趴在課本上，花的時間雖然很長，翻的書和做的題也相當多，但他頭腦中最精銳的部分、他心中最有靈感的部分，都沒有被啟用。他的積極之處，不在於全身心地撲在學業上，而只是在積極地使用刻板常規的表現方式，這讓他很難發揮應有的潛力。

如果我們過於注重他外在行為的積極性，而不尊重孩子的內心；如果我們試圖透過比較強硬的手段，不管他願不願意、心中是什麼感受、怎麼想的，只管迫使他在行為上表示聽從，他就有可能表現出這樣低效的積極狀態。這反而會讓我們誤以為是學習方法出了問題。但事實上，孩子只不過是在以模擬的積極性實現一種心靈的休息。這也是孩子應對太

第三節　效仿的積極：內心更加窒息

多的外在要求時，為了防止淹沒其中使心靈感到窒息所使用的本能策略。

焦慮積極：在我們感到焦慮的時候，我們有時就會以不停地忙這忙那的方式表現出來。這種繁忙活動中的焦慮不安，是比較容易辨識的。但不容易辨識，甚至非常容易混淆的是，孩子的焦慮有時會消失在正向性格的面具之後，這讓我們很難發現。他不停地忙碌，盡己所能地把生活安排得充實、積極向上。但實際卻不一定是別人想的那樣，是因為他性格積極。可能讓人大吃一驚的是，這恰好是他焦慮的表現。他焦慮地試圖從對正向性格、生活方式的效仿中，擺脫掉他內心對生活挑戰的恐懼。

他表現出來的焦慮性積極，恰恰可能是他對自己不自信，對自己應對生活挑戰有壓力的表現。這一點其實很有矇蔽性，因為從外表看，他是如此積極上進，以至於很容易就讓人認為生活方式如此積極的人的性格也一定是積極上進的。但是，在帶有焦慮性質的積極中，仔細觀察又很容易發現類似強迫症的心理因素。沒有人會說，一個人一遍一遍地檢查門窗是否鎖好、冷氣是否關好，是一種積極的行為。但無可否認，這種「不停地活動」的行為，是類似於「生活積極」給人的印象的。只是前者的活動指向不健康的強迫行為，後者的活動指向健康的創造性行為。

在效仿的積極性格中，如果帶有比較強的焦慮，我們就

第九章　辨識孩子的性格假面具

可能發現孩子對於自己是否能被接受，是否能符合社會期待，是缺乏信心的，心存恐懼的。這時，對他來說他自己的性格需求是什麼，他自己的感受是什麼，也許都不重要了。他把自己放到了最無足輕重的位置，因為擔心不被接受、不符合期待，擔心他人的不滿，所以努力讓他人滿意，拚命貼近環境的要求標準，成了對他來說最重要的事——這些在他人眼裡是非常積極的行為，實實上卻帶有類似強迫性質的、對安全感的不斷確認。

又因為這種外在的積極，這種對安全感的不斷確認，正是因為內心缺乏安全感和信心，同時，自我不僅沒有在積極的行為中得到伸展和加強，相反，自我在這種和內心脫節的積極行為中遭到了貶抑。所以，有時孩子並沒有從這種效仿的積極性格中獲得真正發自內心的積極，反而感受到了壓抑。

● 第四節　假裝的陽光：鬱悶被壓抑

也許我們應該想想，性格陽光意指什麼呢？當我們暗示一個孩子，他不應該動不動就哭泣、沮喪、心情憂鬱，而是應該性格陽光一點，我們其實是在期望孩子擁有哪些性格特質呢？

如果我們從來沒有想過，性格陽光包含了怎樣的性格特質，那在我們看到一個孩子，並脫口誇讚，這孩子真好，看起來真陽光時，我們在他身上看到了什麼呢？簡單地說，我們瞬間感受到的是一種單純的、積極向上的活力。「單純」是特別要強調的一個詞，不是說這個孩子單純，而是說這種陽光的特質單純，這種積極向上單純。它並沒有糾纏在負面情緒的陰影和見不得人的陰暗心理中，所以才如同陽光般純正明亮。

這也從反面說明，我們強調陽光的性格是在告訴孩子他不應該有負面情緒，至少不應該表現出來。如果有了負面情緒，他的內心中也應該有一臺強大的情緒消化機，不用騷擾和麻煩別人，自己就能把負面情緒消化掉。

替代規則是指個體被期望用一種很不同的（通常是相反的）情緒代替另一種情緒。在收到給嬰兒玩的玩具時，那些表現出明顯的高興而不是失望的孩子，顯然學會了這種規則。

第九章　辨識孩子的性格假面具

這也許是我們從小學會的替代規則的延續。從小我們就被教授必要的禮貌，比如，在收到不喜歡的禮物時，最好隱藏自己的失望，換上相反的情緒表達，如喜悅、讚賞。這在某時是必要的。毫無疑問，它作為社會化的情緒表達，是孩子必須學習的，也是有挑戰性的。但是如果不懂得變通，又會出現另一個問題，那就是表達自己真實的情緒反而有了困難。

一方面，在表達情緒時，社會成員被期待著行為要符合一系列規範，這些規範有潛在的，有外顯的；另一方面，心理學家提道，「疾病經常意味著一個人的動物本性的喪失」。那麼，這種動物本性中，是否也包括了最直接、最自然的對真實感受的表達？

這並不是說，要一個孩子在到了一定的年齡時，仍然不需要學會基本的情緒表達規範，仍然保持嬰兒的特性，高興了就笑，不高興了就可以不分場合地哭。而是我們要意識到情緒表達規範的程度是什麼，在哪裡。比如，對負面情緒的表達規範，如果越過了一定的限度，不允許它適度地表達，甚至不承認它存在的合理性，是否反而會增加心理的負面情緒負荷。

假如要求一個孩子學會禮貌，在收到讓他失望的禮物時，仍然要表現出開心的樣子，並不算很為難，因為這種假裝只是一個瞬間。孩子如果想假裝出一種自己尚不具備的陽

第四節　假裝的陽光：鬱悶被壓抑

光性格，就要求他在情緒的表達上長期使用替代規則。也就是說，在他難過的時候，他要假裝不難過；在他頹喪的時候，他要假裝不頹喪；在他痛苦難耐的時候，他要假裝不在意。

而這種長期的情緒偽裝，非但很難讓他的性格真的陽光起來，反而和陽光的本意背道而馳，如果被隱藏的情緒在心中長期累積，就有了形成心理陰影的危險。如果他本來的情緒負擔就很重了，比如感到壓力，缺少來自同伴友誼的歡樂，僅僅是正面處理這些負面情緒就已經是個了不得的挑戰了。現在又人為地加上了一種挑戰──對他長期情緒表達方式的要求。

既然是一種要求，就勢必會有達到和達不到兩種結果。緊隨而來的，就是對挑戰的壓力與緊張和對達不到要求的挫折感。也就是說，在我們期望孩子性格陽光，鼓勵他性格陽光的同時，我們卻可能無形中給他施加了壓力，製造了人為的挫折感。我們非但沒有幫助他從內心真的清理那些真實存在的負面情緒，反而人為地讓他承受了更重的情緒負擔。我們可能會暗示他，有負面情緒是不對的、有問題的、不健康的──是性格出現了問題，如果他不能自行克服，他就會在原來情緒負擔的基礎上，額外增加「我性格不陽光」的挫折感。

但是陽光的性格，不應該透過對負面情緒的排斥、對低落鬱悶的排斥、對負面無助的排斥甚至否定來實現。

第九章　辨識孩子的性格假面具

　　讓她最難受的就是有人不停地提醒她應該覺得非常開心……要讓她認為這個島嶼是個天堂，首先得讓她有機會覺得它並不是那麼十全十美。

　　我們要知道陽光的性格，並不見得一定就意味著一種沒有雜質的快樂、從不低落的樂觀、不會疲憊的活力。它並不是性格正向面的單面反光。它是好與壞、快樂與沮喪、正面與負面的坦蕩共存，也同樣是好對壞、快樂對沮喪、正面對負面的不懈地分解和昇華。強求一種不會變化的快樂，不會起伏、永遠飽滿的性格狀態，恰恰可能剝奪了它走向陽光的活力。陽光的性格，是一種生命動力的呈現，恰恰不是對它靜態的模仿。

　　如果一個孩子的負面情緒長期得不到承認和表達，得不到面對和處理，就像烏雲從來沒有散去，陽光從何而來？允許孩子表達自己真實的感受，擁有並不陽光的感受，也許才是邁向真正的陽光性格的開始。

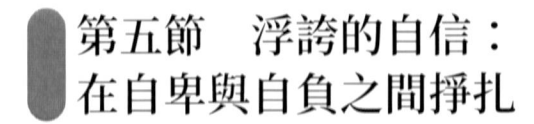

第五節　浮誇的自信：在自卑與自負之間掙扎

在優質性格的清單上一定有自信的一席之地。說一個人「看起來很自信」或者「看起來不自信」，隱含著對他性格的肯定或否定。但自信是怎麼被看出來的？它表現出哪些特徵會被看作自信的象徵？

一個孩子他知道了「自信」這個詞，如果他想要表現得自信一些，雖然他可能並不自信，而且忐忑不安，他會抓住哪些性格特質來表現他理解的、想像的自信？

自信，不同於活潑外向，後者相對來說更容易效仿，只要忍住疲累，表現出情緒上的正向性。而自信，卻是某些性格能力和心理素養的綜合展現。它恰好可能和效仿、脫離真正的自我相反。也就是說，一個人越是脫離了自我，一味地去效仿他人的思想、行為方式，他越不可能自信。自信是來自對自我的認知和肯定。

當一個孩子並沒有深入認知自己內心中的自我，他總是稍有接觸，就急著把這個弱小不安的自我拋開，不去認知它，更不會對它有所肯定；而是用最省力的方法，在外表模仿自信的氣質和行為舉止，這種模仿是很容易跑偏的。

第九章　辨識孩子的性格假面具

因為真正的自信並沒有太鮮明的痕跡，而沒有鮮明的痕跡，意味著沒有可以簡便模仿的「樣式」。模仿自負卻容易得多，自負經常被混淆為自信，但它對自我的感知明顯是不合理地放大。所以，一方面自負有掩飾內心自卑的作用；另一方面它有太多鮮明的性格稜角可以模仿。模仿冷靜的力量、內心的信念，都是不容易的，但是模仿放大了的自我，模仿目中無人、剛愎自用，表現出侵略性卻相對容易得多。

我們有時為什麼會把自信和自負混淆了呢？好像目中無人、剛愎自用、缺乏起碼的謙讓，都是一個人極度自信的表現。因為這同時說明了我們對什麼是不自信的表現，也存在同樣的誤解。好像一個人只要是自信的，就一定不會是害羞的、內向的、有退縮行為的、謙遜的。但決定一個人是否自信，除了他外在的成績，還包括他對自我的認知、對事物的認知、對自我在事物中的位置——能做什麼和能做到什麼程度有著自己的判斷與信任。

自信和是否害羞、內向、謙遜沒有必然的關係，就像一個人表現得十分自我、外向，不見得是自信一樣。假如一個孩子走捷徑，不是在自己的內心真正建立屬於自己的自信，而是從外表模仿自信可能具備的特徵，他就有可能表現出氣球的屬性，那就是看起來碩大無比，但用針扎一下就破成碎片。

他會處於兩個極端，要麼自負，要麼自卑。因為在這種

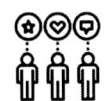

第五節　浮誇的自信：在自卑與自負之間掙扎

性格的包裝中假裝自信，意味著不再認知和處理內心中可能存在的自卑、軟弱，及對自我的不確定，同時，也不再認知內心中真正的自我價值。一旦表面的自信遭到打擊，他就會顯得不堪一擊，因為自信不是真的，不是來自內心，並不能給他持久的定力、真正的支持。

我們有時往往看重自信的某些表面功能，它的適應性、自我表現能力、支配影響、不易被支配的能力。模仿的自信正是我們以為指向這些表面功能的性格表現。所以我們看到，有的所謂自信並不讓人感到舒服，而是咄咄逼人、過於自我。事實上，自信的表面功能，不過是它內在價值的附帶表現。就好像一個人笑容滿面是因為內心愉悅，他的笑容只是內心愉悅的一個閃光。我們如果只是追逐這個閃光，追逐自信的表面功能，我們就會失去自信的根源和自信最有力量的部分。

一個孩子如果從一開始就避開自己內心中軟弱的、自卑的部分，同時，也避開自己的價值所在，只滿足於模仿自信，他很可能會失去培養真正自信的機會。事實上，沒有什麼比不接受自己更不自信的了。一個不願掩飾，不怕表現出自己的害羞脆弱、膽怯恐懼的孩子，也許要比一個裝作自信，不敢表現出自己的害羞脆弱、膽怯恐懼的孩子自信得多。他的自信在於，他相信就算他有這樣或那樣的缺點，也不足以抹殺他的優點和價值。

第九章　辨識孩子的性格假面具

因為真正的自信，恰好不是特意強調自己的無瑕疵、無缺點，而是強調在對自己優缺點的兩面認知和接受上：對自己的缺點是接受的，對自己的優點又是充分認知和肯定的。這是產生自信的前提。如果繞過對自己的認知這一點，只是模仿自信，那麼，很可能出現的是和自信的前提正好相反的情況，對自己的缺點是掩飾的、不接受的；對自己的優點是什麼又是認知不清的。這反而容易暴露不自信。

一個孩子自信，是因為他內心有相對穩定的對自己的評價標準和體系，這使得他部分地獨立於外在的評價和影響，這也是自信表現出較少受到外在評價影響的原因；也是他哪怕在他人的評價中是內向的、害羞的、不自信的，也依然動搖不了他的自信的原因。

這種堅如磐石的力量，單純靠著模仿自信的外在表現，是模仿不來的。因為越是模仿，也就意味著越是在試圖靠近和迎合外在的評判與標準，越是容易被外在的條件和評價左右，而遠離了真實的自我和自信的本質。

第六節
隱藏真性格對心理的潛在危害

在《優秀的綿羊》(*Excellent Sheep*)一書中，作者提到了這樣一群年輕人，他們都是風度翩翩的才子佳人，自信優秀，親和合群，多才多藝。但不可思議的是，在他們光鮮亮麗的外表下，卻可能存在著難以想像的焦慮孤獨、恐懼無助。

這種情況是怎麼發生的呢？一個中學生，樣樣優秀，聰明勤奮，第一眼看到他的人都會說，這個孩子真陽光，笑得好燦爛。但如果真的走進他的生活，我們卻可能大吃一驚地發現，他不但情緒極不穩定，而且時常陷入憂鬱低落的心情難以自拔。我們幾乎很難把這兩面合在一起，對外的快樂陽光和內心的陰鬱不快。

事實上，當我們對孩子的性格提出要求，我們要求的不僅是某種看似簡單的性格表現，還同時暗示了不接受某些性格的表現，包括不接受和這些性格特質呼應的情緒、思維、意志和態度。

這樣的父母不會容忍自己有一個「沮喪的、有需求的、生氣的、憤怒的」孩子。

第九章　辨識孩子的性格假面具

那麼，問題就來了，這些情緒都去了哪裡？一個孩子他的沮喪、需求、生氣、憤怒，不會因為父母不希望他有，他就真的有能力沒有。當這些情緒不被允許表現，它們去了哪裡，他是怎麼處理它們的呢？

缺失的情緒排汙口：從人性上說，一個人順利了就高興，遇到麻煩了就沮喪，是再正常、再健康不過的反應了。而最壓抑的事情，並不只是不允許表現負面的、衝動的情緒，而是壓根就不允許它存在。這意味著，我們甚至拒絕面對它和解決它。

當一個孩子感到沮喪、憤怒，內心軟弱有所需求時，父母的第一感覺也許是恐慌，因為這意味著麻煩來了。如果允許孩子把發生了什麼和他為什麼感到沮喪通通詳細地說出來，那麼，也許就要換成父母感到沮喪和無助了。所以，最簡潔的方法莫過於從一開始就不讓孩子張嘴說話。在孩子說話之前，先用這樣的否定式封條把孩子的情緒發洩堵住——「這有什麼好沮喪的？」「你太愛生氣了。」

連同情緒被封條封住的，還有對事件更完整的描述，孩子的想法，他在這件事情中的位置，他為什麼有這樣的感受。而他情緒抒發，通常也是對認知、感受的再一次梳理。是為舊情緒的排解、新情緒的煥發，舊認知的淘汰、新認知的更替，所做的一次心理清理工作。而現在，所有這一切都被強行壓回了他的心中。這就使得被壓抑的情緒如同一直沒

第六節　隱藏真性格對心理的潛在危害

有得到療癒的傷口，雖然我們暗暗指望它能自行療癒，但這些傷口卻可能在慢慢地惡化，削弱他的活力。

當我們不允許他的情緒自然排汙時，事實上我們也許在拖他成長的後腿。我們貌似給他指出了一條成長的捷徑，但卻把他的內心一直留在舊的、未經處理的情緒危機中。

被偽自我取代的自我：在有些孩子身上，出現了令人困惑的現象。他們幾乎擁有一切，卻並不快樂。在他們身上似乎缺失了什麼，他們擁有了強力獲取的能力，卻出乎意料地失去了從獲得物中得到快樂的能力。原因是什麼呢？

為了迎合父母的需求而建立起來的「自我」是一種「偽自我」。當一個孩子力爭滿足父母的需求時，往往自己的感受和渴望會被忽視，久而久之，這個孩子將失去關懷自己的能力。

孩子被忽視的感受和渴望，又有什麼要緊呢？因為我們可能一直存在簡單的認知錯誤：一是父母知道得更多，知道什麼對孩子好。所以，父母對孩子的需求，哪怕眼前還不是孩子的需求，但它終將會成為孩子自己的需求；二是在正確的時間做正確的事。在讀書的時間就應該全力以赴讀書。其他的事情，比如，感情的需求、愛好的需求，這些可以到了正確的年齡階段再補上。

但兩個關鍵的問題是，父母的需求在演化成孩子的需求之前，這個過程中孩子的需求感、欲望應如何保持，會不會

第九章　辨識孩子的性格假面具

在強行壓制中變得失去欲望感和活力，就是對什麼都提不起興趣？當終於有了時間來面對生命中其他的需求，那些被抑制的、沒有得到培養的情感能力、興趣能力，是否還能被重新點燃，是否還能補上？

如果一個孩子從小就已經習慣了戴著性格假面具，他真正的性格需求和性格感受，因為長期得不到相應的照料和成長，也許早就失去了活力和趣味。哪怕他的性格面具再金光閃閃，他也如願獲得了社交的成功，但他失去了真實的自我，再也不能從中獲得真正的快樂、真正的滿足。快樂是他的偽自我，他內心的真正感受可能依然是空虛孤獨的。

價值缺乏感：我們有時過於相信孩子的自信完全來自他外在的表現和所獲得的成功。似乎只要他樣樣優秀，他就一定會幸福和自信。至於他的自我感受如何，他和自我的關係如何，都是不需要考慮的。

但當他的外在表現和內心感受完全分離，驅使他的不是來自內心的真實自我，而完全是被外在迫使，那他失去的是為自我效力的能力。他不再是一個自主的、有主動性的生命。雖然他外表看起來很積極，但那是積極地迎合，而不是積極地發揮自我。

而一個自我遭到壓抑、沒有得到成長的孩子，他很容易會有這樣的感覺——他所取得的成績，都是為別人取得的，

第六節　隱藏真性格對心理危害

那是在別人的要求下做的；他所努力做的一切，也是為了讓別人滿意，而不是為了滿足自己的需，讓自己滿從中得出的結論就是，別人滿意才是重要的，自己是不重，這就會削弱他的自我價值感。

第九章　辨證性格假面具

第十章
怎麼和孩子的「問題」性格相處

第十章　怎麼和孩子的「問題」性格相處

● 第一節　一個有「性格問題」的孩子

不可否認,現實中確實存在性格很好、讓人相處愉快而舒服的孩子。但更多的孩子,總是有這樣或那樣的性格缺點,這本來是再正常不過的事。一個孩子貪玩、不聽話、撒謊、不善於交際,這在日常生活中不是非常常見的事嗎?但是一旦將之上升到有「性格問題」的高度,就會突然變成一件嚴重的事。對父母和孩子雙方來說,這都會變得沉重。

如果不是作者有相對更完整的視角提供給讀者,皮諾丘就只是一個愛撒謊、不聽話的孩子;湯姆索亞更好不到哪裡去,早戀、打架、蹺課、貪玩,壞孩子的特徵一個也不缺;弗恩就更嚴重了,內向、不善言辭、喜歡坐在豬圈旁幻想,這是多麼嚴重的性格問題,難怪她媽媽去諮詢醫生。

而在現實中,那些在歷史上熠熠閃光的傑出人物,按照類似的性格標準,有性格問題的實在是大有人在。也許當父母的會想,我不需要我的孩子有多傑出,他只要當一個快樂健康的普通人就好了。「我不需要他的性格問題從另一面促成激情的火花,帶來出色的成就,更不希望他的性格問題給生活造成不便。」這是一種可以理解的、父母對子女最樸素的關心。

第一節　一個有「性格問題」的孩子

但是換個角度看，設想一下，當我們把孩子性格上普通的不足之處，當作一個嚴重的性格問題來聚焦的時候，會發生什麼，會對孩子的成長產生什麼樣的影響？

據說心理學大師馬斯洛的性格很害羞，但同時，我們也可以在他的傳記中看到，當涉及自己的專業觀點時，他是多麼自信有力，在追求自己的事業方向時，他是多麼果斷堅決。那麼，這些看似矛盾的性格特點，是怎麼在一個人的性格中相容的呢？如果馬斯洛的父母在他小的時候，就把目光過度聚焦在他的害羞上，對他性格的關注和培養都圍繞著害羞這一點，不斷地強化「這是個缺點」「你不夠外向，不夠大方」這樣的自我感知和意識，可能對馬斯洛後來表現出的自信與力量會有抑制的作用。

換而言之，當我們對性格的標準太過於看重，並形成了刻板觀念，將不符合性格標準的性格特點都歸為「性格問題」，並將改造這種性格問題納入性格培養的主要甚至是唯一內容，會產生什麼樣的影響？

被改變的培養視角：在很多親子衝突中，衝突的核心原因是培養視角過於窄化。比如，父母和孩子的談話經常集中在「你寫完作業了嗎？」「你考試考得怎麼樣？」。也許父母會說關心孩子的功課有錯嗎？關心孩子性格的培養有錯嗎？但實際上，其中隱藏著一個不容易發現的視角錯位。

第十章　怎麼和孩子的「問題」性格相處

　　並不是說關心孩子的課業本身有錯，或者是關注孩子性格的養成有錯，而是這個關心的點也許跑偏了。孩子不見得是因為父母過問了自己的成績就生氣，他生氣可能是因為在這種關心和過問中，有著強烈的「糾錯」「矯治」意味。培養視角的窄化是指不小心將廣泛的培養理解成了狹窄的糾錯。在性格的培養上也是如此，一不小心就把對性格的養成當成了對「性格問題」的發現和糾正。

　　這會改變我們觀察、理解和評價孩子性格的角度。對「問題」的敏感有些類似兒童的新異恐懼，新異恐懼是指兒童對陌生環境中危險因素的敏感性尋找。但兩者在對危險、缺陷方面注意力的高度集中和敏感這一點是十分相似的。這就會造成對危險和缺陷的焦慮，也會造成對機遇和優勢的漠視，還會讓我們把目光總是盯在孩子的「問題」上。每一次的交流，我們的本意是想給予孩子優質的教育，但在事實的做法上，我們卻總是試圖把孩子的問題糾正過來，這其實是在縮小培養的範圍。平衡地看待孩子性格的各方面，更有利於整體的培養。

　　被改變的培養目標：當我們把目光聚焦在孩子的「性格問題」上，我們不僅改變了看待孩子性格的視角，改變了在性格培養上下手的角度，我們還很可能在無意中改變了對孩子性格培養的目標。

　　我們很容易就會用矯治一個有問題的性格的想法，替代

第一節　一個有「性格問題」的孩子

我們最初的目標——培養孩子好的性格。這兩者之間乍看似乎目標是一致的。矯治了有問題的性格，不就是培養了好性格嗎？但一個重要的問題是，在矯治的過程中，我們無形中會對好性格的標準和其中包含哪些性格特點設限。

在矯治孩子害羞的性格時，我們可能會無意中讓孩子覺得，不害羞、大方、外向就是性格養成和發展的最高、最好的目標。而這一點會冒風險，這也許不利於他發現和發展自身獨特的性格優勢。就好像無形中給他設定了一塊性格發展的天花板。他也許還有很多我們不知道的，超乎我們的認知和想像的性格潛力。而我們無形中也讓孩子把性格發展的注意力只是集中在了對自己性格不足之處的矯治上。

這事實上也把孩子的成長設定在一個較低的目標上。這是「改錯就夠了」和全面發展自己潛力之間的差距；是符合和適應外在的標準，和全面發展自己個性潛力而不斷地尋求同外在標準的平衡之間的差距。

這兩種目標之間的差距，就是不同的性格培養目標所給予的性格發展空間的差距。

251

第十章　怎麼和孩子的「問題」性格相處

● 第二節　尊重：最貼心的安全感

　　有相當多的教育觀點都提到了「尊重」這個概念——要學會尊重孩子。但是怎麼尊重呢？什麼才叫尊重呢？一個幼稚的兒童處處都需要指導，又怎麼叫人尊重他幼稚的想法呢？而且，尊重對孩子來說真的那麼重要嗎？

　　父母出於對孩子的關心，有時會迫不及待地站在糾錯和指導的位置上，「孩子這麼做是不對的，難道作為父母我不應該給他指出來嗎？這有什麼不尊重的？」也許，對父母的本心來說，並沒有特意想要不尊重孩子，但是因為不清楚什麼是尊重，就會無意中不尊重孩子。

　　舉個例子，孩子在看了一個可怕的卡通片之後，開始害怕窗簾，想像窗簾後面有什麼可怕的東西藏著。當他把他的恐懼告訴媽媽，媽媽卻大笑，不在意地掀動窗簾說：「真膽小，這就是個窗簾，有什麼好怕的！」媽媽的本意也許是想用誇張的、輕鬆的方式來沖淡孩子的恐懼，想做出一個大膽的表率，讓孩子學習。

　　但她確實也存在一種大人的輕視心理、一個大人的俯視視角。覺得窗簾可怕，這太可笑了。她沒有刻意不尊重孩子，她只是覺得孩子這種想法幼稚可笑，她沒有仔細傾聽孩

第二節　尊重：最貼心的安全感

子為什麼感到恐懼，孩子想像了窗簾後面有什麼，而是直接打斷他的傾訴，告訴他，他不應該感到害怕。因為這些想法和感受是幼稚的，不應該有的。他不必說那麼多，他只需知道這是錯的，需要糾正就可以了。

還有一個例子，一個孩子跟自己的好朋友鬧翻了，她非常傷心。當她想和媽媽傾訴這件事的時候，媽媽卻覺得她太玻璃心，太多愁善感了，對她的傾訴聽都不想聽。媽媽以全不當回事的口吻告訴她說：「你也太脆弱了。朋友玩得來就玩，玩不來就拉倒，再去交新朋友。值得這麼影響情緒，這麼傷心欲絕嗎？」這個媽媽也沒有想要不尊重孩子，她只是站在她的角度上，認為孩子的傷心完全不必要，這讓她感到煩惱，由此便對孩子的性格得出一個結論——玻璃心。

實際上，兩個媽媽雖然都接受「尊重孩子」的觀念，也從內心中覺得自己是尊重孩子的，但從行為上卻遠未摸準「尊重」的命脈所在。

對於什麼是尊重，怎麼做才算是尊重，我們或許可以從心理學家的這段話中有所領悟：「此時知覺者必須尤其尊重客觀對象的本質；此時的認知必須溫和、細緻、不強加、不苛求，能夠像流水般緩緩地滲入裂縫中，順從地適應事物本質。」

這段話提醒我們的是，首先要尊重孩子的性格本質。他看了一個嚇人的卡通片，產生了聯想，對窗簾感到害怕；她重視友誼，失去了一位朋友，感到十分悲傷，這都是孩子某

第十章　怎麼和孩子的「問題」性格相處

種性格本質的反映。如果父母懷著輕視心理，武斷地打斷他這種性情的自然流露，並從中評估和判斷他性格上的問題——你太膽小了，你太玻璃心了，這就失去尊重，容易製造出一個有「性格問題」的孩子。

也許有父母會說，這不是製造出來的，孩子膽小、玻璃心是事實。正因為這是事實，所以我才下這樣的結論。但在武斷和尊重、急著下定論和小心的認知之間，對孩子性格的養成也許有很大的區別。一個孩子有膽小、玻璃心的傾向、苗頭、萌芽，和他最終是不是會長成一個膽小、玻璃心的人，或者膽小到什麼程度、玻璃心到什麼程度，這裡面培養的方法、父母對待他這種性格的方式也許會起很大的作用。

如果在孩子剛剛露出這種苗頭的時候，父母就輕易下定論說你就是膽小，就是玻璃心，會產生兩個壞的影響，一個是孩子對自己的認知，被板上釘釘地貼上了性格問題的標籤；一個是孩子仍然存在不同性格發展方向的性格萌芽，因為被武斷地抑制，得不到伸展、表達、清理的機會，而被固定在被抑制的感受中，強化了這種性格特質。

我們容易產生的失誤是，我們之所以急著指出我們看到孩子可能存在的問題，是因為我們以為，只要指出來，孩子就能意識到並毫不費力地改掉。似乎孩子改不掉缺點的唯一問題，是他意識不到問題。但有時，在一個問題的背後卻有著複雜的性格、能力、心理因素。

第二節　尊重：最貼心的安全感

只有他的恐懼得到尊重和認可，他才有勇氣變得勇敢。

我們必須充分準備，不僅要召喚他向前，還要尊重他後退舔舐傷口、恢復體力、在安全有利的位置審視情況，甚至在他後退到先前「低階」快樂主導的位置時也要表示尊重，如此，他才能重拾成長的勇氣。

而這種尊重的實現和我們的態度是分不開的。在孩子展現出他的恐懼、困惑、脆弱、悲傷時，我們應該思考，我們是立刻擺出指責、干預的態度，從他的表現中評估判斷他有著什麼樣的性格問題，還是能做到以涓涓細水地潤澤，不強加自己的觀點、不苛求他尚不具備的素養，溫和細緻地做好相處中最重要的第一步，為他性格的發展留出空間。

這其中既表現尊重和不尊重的區別，也會對孩子性格的培養形成不同的走向：是製造一個有性格問題的孩子，還是培養出一個有成長勇氣和性格可持續發展的孩子。

第十章 怎麼和孩子的「問題」性格相處

● 第三節　被喜愛的孩子更有自信

對父母來說，似乎喜愛自己的孩子不是什麼難事。畢竟，有幾個父母認為自己是不愛孩子的呢？且不說，出於為人父母的天性，關心孩子的健康，為孩子著想，為了孩子好而把自己的想法強加給孩子算不算是愛，這和真正的愛之間是否還有差距，而就算是愛和喜愛之間也存在著細微的差別。

愛一個人，與喜愛一個人相比，前者更傾向於一種情感的狀態，而後者則有更多理性欣賞的色彩。對一個人的愛，更強調愛人者對被愛者的感情，而這一點並不能說明被愛者就是有特別價值的；而喜愛，往往突出了被愛者具有的某種性格、能力，是因為它被意識到、被鑑別、被欣賞和被肯定，才有了別人的喜愛。

一個孩子最初的自信，可能來自周圍人無心的誇讚：這個孩子長得真漂亮，這個孩子從小就懂事。但是這些自信，如果沒有隨著年齡增長而得到持續的補充，也許漸漸就會像褪色的牆紙般黯淡。父母的喜愛給予的自信心卻可能持久得多。一個孩子也許永遠都會記得，他從父母閃光的眼睛裡看到的喜愛，「你可真聰明」。而伴隨他的成長，這種持續的喜

第三節　被喜愛的孩子更有自信

愛，是對他具備某種價值的持續的肯定。

自信是佛洛伊德突出的性格特質之一，他的母親愛他、讚賞他，他在自傳中，把這種自信和母親對他的寵愛連繫在一起：「一個無庸置疑地深受母親寵愛的人，會終身保持勝利者的感覺，保持經常導致真正成功的信念。」在這裡出現了愛能建立信心的兩個關鍵因素，一是這種愛來自誰；二是這種愛的性質，它包含了什麼。

不管這種愛來自父親還是母親，給予愛的是一個什麼性格的人，他在家庭中地位如何，在孩子心中是否具有威信，是否是一個榜樣或者讓孩子尊敬和信服的人，這都會決定他所給予的愛有多少分量和可信度。同時，很重要的一點是，父母給予的愛是一種什麼性質的愛。也許不同的父母，他們的愛都帶有和他性格認知相符的特點。一個焦慮、缺乏安全感的母親，她不管有多愛她的兒子，她都有可能在她的愛中帶上焦慮恐懼的情緒。她越愛她的兒子，她就越可能把他抓在手心；她越愛他，她就越會向他傳達出更多的恐懼和不安全感，而不是為他帶來成功的信念。

就像溺愛孩子的父母，他也愛孩子，但他的愛中充滿了對孩子的嬌縱。這種愛傳遞給孩子的不是力量，不是自信，恰恰是發人深省的這樣一種結果：「不設限制的溺愛型父母培養的孩子，在與別人的交往行為中總是表現出低控制力。」原因是什麼呢？也許在這種溺愛的愛中，對孩子缺乏紀律的

第十章　怎麼和孩子的「問題」性格相處

要求和約束，使得孩子首先對自己的控制力沒有得到有效的鍛鍊。換而言之，在溺愛中他可以為所欲為，他不必鍛鍊、調整、控制自己以適應關係的需求。結果就是他從這樣的愛中，得到的也許只有嬌縱的壞脾氣，而不是真正有價值的自信。

而喜愛中包含的讚賞，尤其這種喜愛和讚賞是來自讓孩子尊敬與信服的父母，它的效力就會加倍，讓孩子留下深刻的印象和持久的信心來源。因為父母的喜愛既包含理性上的認知和肯定，又包含情感上的接受。這是一種雙重肯定。

同時，父母對孩子的喜愛，通常是對孩子身上某些本質的喜愛，這就使得喜愛具有了一種永續性。在這種持久的喜愛中，孩子也會不斷強化他被喜愛的部分。透過這樣的強化，他的某些方面的確有可能脫穎而出。一個有利的方面是，透過對被肯定部分的強化，這個部分也許會加重他自我價值評價體系中的分量，成為自我價值感的重要部分或者核心部分。

這是一個強而有力的對自信的保護。這讓他在面對外在不同的評價標準、挑戰、競爭和挫敗的時候，總有一個保障。「我這一點不行」，絕不會擴展為「我這個人不行」。遠在被其他外在的評價影響之前，他就有了被喜愛、被讚賞的經驗。有了他自己的、對他的自信更有利的自我價值評價標準，就能保護他不會完全任由外在評價擺布、主導他的自信。

另外一個有利的方面是，一個感受到父母喜愛的孩子，他可能不僅會強化自己被肯定的部分，作為被喜愛的一種回饋，他也會愈加關注和模仿喜愛他的父母身上的優秀的、被他喜愛和肯定的特質。也就是說，父母的榜樣作用在他性格的養成中加深擴大了。他對父母的喜愛和信服，他對喜愛和信服的那些父母優秀品格的模仿，這一切都會作為一個更深遠的信心來源，持續地在他的生活中發揮作用。因為這一切，他所模仿並終將繼承的特質已經是被父母證明了的。這是那些感受不到父母的喜愛，同時也沒有以同樣的喜愛回饋父母的孩子所損失的。

　　當我們想要孩子表現得更自信一點，也許直接指出他的問題，「你沒有必要這麼自卑」，並不是明智之舉。誠如阿德勒所說，這樣反而可能加重他的自卑。從我們自己這一方多做努力、多尋找和讚賞孩子的優點，表達充滿真心的喜愛，也許是更有效的對孩子自信心的培養。

第十章　怎麼和孩子的「問題」性格相處

■ 第四節
強勢的父母與不服管教的孩子

在不良的親子關係中，強勢的父母和不服管教的孩子容易形成一對組合。也許，父母越強勢孩子就越不服管教，而反過來，孩子越不服管教父母就越強勢。親子雙方彼此不良的態度，越發促進了對方不良的態度，使得矛盾激化。

就父母一方來說，尤其在孩子幼小的時候，很容易就會陷入強勢的態度中，自己卻很難發覺。一方面，孩子太幼小了，什麼都得依賴自己，自己在孩子面前有絕對的權威，這樣不知不覺就會養成對孩子權威性強勢的習慣。另一方面，在孩子幼小時，父母對他的了解還很可能僅限於對一般兒童應該是怎樣的認知概念和想像，也就是還沒有隨著他的成長發展出對他獨有個性的了解和認知，這時，在父母的心中容易住上一個「別人家的孩子」。這個理想孩子，這個別人家的孩子，促使父母表現出塑造性強勢。

在和孩子的溝通中，父母的強勢態度是如何激怒孩子，引起孩子的反感，讓他更加不服管教的呢？舉個例子，同樣是看到孩子扔了一地襪子不洗，態度平和的父母會說，寶貝，你是不是該洗襪子了，老是堆在地板上有點不衛生哦。

第四節　強勢的父母與不服管教的孩子

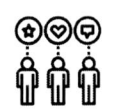

而強勢的父母會斬釘截鐵地說，趕緊去洗襪子！老是堆在地板上像什麼樣子！怎麼這麼不講衛生！

盧梭在他的兒童教育名著《愛彌兒》(Emile, or On Education)中，指出了一點：要是孩子們只是在事物方面而不是在意志方面受到阻礙，他們不至於表示反抗或憤怒的。態度平和的父母和強勢的父母正是在這一點上有區分，前者在要求孩子洗襪子的時候，只是在談洗襪子這件事本身；而後者在洗襪子的事上，不僅引申出對孩子意志的支配和控制，還有對他行為的批評和對他性格的不滿。在要求孩子洗襪子這件事背後，深藏著一種根深蒂固的抱怨。

這種抱怨從何而來呢？從前面的分析中我們可以知道，這種抱怨的根源，來自權威性強勢和塑造性強勢遭到的挑戰。權威性強勢，要求孩子絕對地服從，而孩子有一點點不服從都會被放大；塑造性強勢，對於孩子表現出的任何和理想孩子、別人家的孩子不一樣的地方，都覺得不能容忍。這種基礎態度決定了在面對和孩子有關的事情時，很難就事論事，而是在開口說話之前，預先帶有一種被挑戰的怒氣。

站在孩子的角度，我們可以想像一下，聽到父母平和地說你該洗襪子了和父母怒氣沖沖，口氣強硬地說，怎麼還不去洗襪子？孩子在心理上會有怎樣不同的感受，又會有怎樣不同的行為表現？前者，聽在耳中是一個不帶情緒的普通建議；後者，卻是命令、指責，帶著強烈的負面情緒，甚至包

第十章　怎麼和孩子的「問題」性格相處

含對自己的敵意和不滿。這讓他立刻就不高興起來，雖然他很難說清楚是什麼讓自己不高興，但他立刻就會對這件事產生牴觸情緒——我偏偏就不肯洗。

於是矛盾就產生了。孩子的不服管教被父母看在眼裡，愈加怒不可遏，愈加不可理解。「怎樣，洗襪子這樣的小事，還要一遍一遍地說，說了還不聽。」在孩子這邊，也表現出同樣的強硬固執，我就不洗你能怎麼樣。最後雙方的交鋒就落在該不該洗襪子上，好像他們的憤怒都只是和洗襪子這件事本身有關，而不是別的什麼。

但事實上，父母的憤怒由來已久，他們對孩子「不洗襪子」這件事背後的拖沓性格——和理想孩子不符的性格，有著深深的不滿和拒絕。而對孩子來說，他也許確實不太樂意去洗襪子，但如果父母換一種平和的態度，他也不至於如此固執地牴觸。在他的抵觸中，他最抵觸的並不是洗襪子——像他看起來表現的那樣。他真正反感和抵觸的是父母強勢的態度與態度中對他的指責、不滿和干預。這也是他給人的感覺並不是固執，而是不服管教的原因。因為他的態度的確指向對父母的牴觸，而不是對事情的牴觸。

看起來他們矛盾的激化似乎只是因為對同一件事意見不同，難以達成一致。事實上，這種矛盾的核心，卻是彼此態度的矛盾。這會使得彼此的關係處在長期惡化的狀態。雙方似乎都失去了溝通和談話的可能，只要有一方說話，就是劍

第四節　強勢的父母與不服管教的孩子

拔弩張的氣氛。這讓父母覺得孩子不服管教到了不可理喻的程度。任何一件事，不管有多小，你都休想能說動他。這反過來有時又會激怒父母，讓父母的態度越發強勢，以為只有用加倍強勢的態度才能說動孩子，讓孩子按照自己的意見行事。殊不知，孩子抵觸的就是這種強勢的態度，越強勢牴觸得越厲害，越不聽父母的任何話。

父母卻深感困惑，完全不知道孩子為什麼會變成這樣，到了一句話都聽不進去的地步，甚至為他夾一塊肉到碗裡，讓他多吃點補充營養，他都要把肉從碗裡夾出去。他其實牴觸的不是補充營養這件事，而是牴觸提出建議的這個人。

改變強勢的態度，不管是來自權威心理的強勢，還是塑造理想孩子的強勢，其實不僅是降低說話的聲調、控制自己的情緒，最重要的是從心底改變對孩子的評判、糾錯、不滿等這些根源性的負面態度。當孩子不再牴觸父母，也許就更容易接受來自父母的意見了。

第十章 怎麼和孩子的「問題」性格相處

● 第五節　紀律的魅力

　　一個孩子在升入高中以後，發現身邊好多同學都有鋼琴十級證書。而他學了幾年鋼琴，只考到七級就沒有再堅持下去。現在很羨慕他的同學，忍不住對媽媽抱怨說，你當時怎麼就不逼著我把十級證書考下來呢？

　　說實話，這真是讓父母左右為難。逼孩子，如果出了心理問題呢？不逼孩子，他到頭來又會埋怨父母當初沒有嚴格要求自己。有句話這樣說，未來孩子會感謝你今天的逼迫。但是，他真的會感謝你今天的逼迫嗎？孩子是否會感謝，要看幾個條件：一是逼迫的結果是什麼，是出了問題還是出了成績；二是逼迫的過程，是他可以承受的，還是會留下心理陰影；三是他的性格、目標是否和被逼迫的方向是一致的。這意味著他被迫取得的成績，是否對他是最重要、最有意義的。

　　對父母來說，最經常的選擇難題之一，就是該不該管孩子，是嚴格管束還是自由成長、放任自流。但實際上，這兩者之間還有很大的合作平衡空間，並不是一定要二選一。管孩子，怎麼管，管到什麼程度，什麼應該管，什麼不應該管，這才是需要把控的。就像做菜的時候，需要掌控火候一樣。而決定教育火候的是孩子不同的性格。

第五節　紀律的魅力

拿逼迫孩子念書來說，對待一個已經壓力很大、很努力的孩子，如果繼續向他施壓，逼迫他考得更好，這種逼迫也許就會成為壓垮駱駝的最後一根稻草。但是，如果是一個貪玩的、自制力差，但自己又有進取心的孩子，在他能接受的程度上，適度地督促他課業，也許是他需要的。

就如同那個埋怨媽媽沒有逼著自己考到鋼琴十級證書的孩子，也有在長大了以後有同樣想法的孩子——要是小的時候，父母在學業上再管得嚴一點就好了。這表現出孩子對所謂「逼迫」，更確切地說，是對一種紀律規範的需求。但在這裡有一個需要區別的容易混淆的概念，第一，以為所有的逼迫都是有效的；第二，所有的孩子都是需要逼迫的。

同樣是自制力差、睡懶覺的孩子，有的並不想起床，這時如果強迫他起床，強迫他坐在書桌前面，他也很可能不情願，只不過是做做樣子。而有的孩子他想起床，但是靠著自己的意志，他做不到按時起床。如果有人此時能推動他一把，其實等於協助他執行自己的意志，這是他需要的。

那麼，我們其實可以試著解釋一下，為什麼有些孩子需要逼迫，他對逼迫的需求，背後真正的心理訴求是什麼，以免因為「逼迫」二字狹窄的字面意思產生歧義。應該說，在他表現出來的對逼迫的需求中，也許真正包含的是對秩序、紀律和由秩序、紀律保證的積極狀態的必要。

第十章　怎麼和孩子的「問題」性格相處

　　在至少有一種框架輪廓的體系裡面，兒童似乎能更健壯地成長，在這種戲裡，不但對於現在，而且對於將來，都有某種程序和常規、某些可以依靠的東西……有限度的許可，而不是不受限制的許可，更被兒童歡迎且需要。

　　這也許和我們的認知相悖。我們有時傾向於認為，孩子的天性一定是喜歡為所欲為，愛怎麼樣就怎麼樣，一定是討厭所有的束縛和紀律的。為什麼有限度的許可比不受限制的許可更受兒童歡迎和需要呢？一方面，對自由自在的熱愛和對有序的需求、對玩樂的熱愛和對上進的需求，是完全可以共存的；另一方面，不受限制，往往也意味著一種失序的狀態。如果想要恢復到比較舒適的有序狀態，在不受限制的許可中就意味著沒有外力相助，全部要依靠自己的意志實現。而有限度的許可，聽起來似乎是一種讓人不悅的限制，但同時卻是對適度有序狀態的把持和控制，這讓孩子可以有所依靠。

　　依靠著這種外在的適度限制，他才能把控住自己，不至於讓自己在完全自主的情況下，因為意志力薄弱而失控。自我失控和自由自在是兩個不同的概念，自我失控事實上恰恰是一種不自由的、已經不由自己說了算的狀態。雖然外表上看很容易和為所欲為的自由相混淆。在此時，外在適宜的、適度的限制看起來是約束，但實際上卻是在提供一種幫助，幫助孩子恢復對自我的掌控。

第五節　紀律的魅力

　　這在生活中也比較常見，不見得溺愛一個孩子、無限制地慣著他，他就會感到愉快。相反的是，有一點特別應該引起關注，當一個被慣壞的孩子，他表現得無法無天、鬧騰起來沒完沒了時，也許不僅說明他被慣得脾氣有多差，同時這也是他感到不舒服的表現。因為在溺愛中缺乏有益的約束，不能幫助他實現自我掌控的需求、在有序中保持積極狀態的需求。

　　也許，只有當我們了解孩子在「需求逼迫」的表面訴求下，真正的心理訴求是什麼，我們才能不囿於「逼迫」的字面含義，不按照對「逼迫」的表面理解對孩子不分性格、不分需求、不分程度地實行簡單粗暴的強制。如果我們知道在這種表面的訴求下，也許潛藏的是對積極有序狀態的需求、對自我掌控的需求，我們會更加有的放矢，提供給孩子更適合他、更能促進他主動進取的約束力，而不是壓制他讓他感到洩氣的約束力。

第十章　怎麼和孩子的「問題」性格相處

■第六節　正向的關注：成為最好的自己

我們在教育孩子的過程中，有時會努力規避著一切可能的錯誤，但在不知不覺中卻做著錯誤的事情而不自知。我們以為是為他好，卻可能是在傷害他；以為是在培養他，其實卻是用力在扭曲他。這種錯誤的可怕之處在於，因為我們以為這是正確的，所以十分堅持。

我們認為孩子是不能撒謊的，我們就會專注他是否撒了謊，而不關心他為什麼撒謊；我們接受溺愛孩子是有害的，所以，當一個孩子嚎啕大哭要一個玩具時，我們就冷漠地由著他哭夠了為止，因為我們以為此時安撫他就是在慣著他。至於他是什麼性格，他和另一個得不到想要的玩具而嚎啕大哭的孩子是否有性格上的區別，他是否在得到這次的滿足之後，變得性情更柔軟、更容易聽得進去話，而不是我們想像的被慣得任性了，我們也許連想都沒想過。

如果說很多的親子矛盾是因為父母和孩子的關係太近了，父母關注得太多，管得太多。那同樣，這個問題也許還存在著很少受人關注的另一面，那就是父母和孩子的關係同時又太遠了，父母對孩子太不關注了。這看起來似乎相互矛

第六節　正向的關注：成為最好的自己

盾，很多父母也會提出異議，怎麼會說不關注孩子呢？他的衣食住行、課業生活，沒有一樣不是無微不至地關注著。就是因為太無微不至地關注，才會和孩子發生那麼多衝突。

但事實上，我們需要對「關注」的對象，進行更細緻的分析。表面上粗略地看，「關注」指向的對象是孩子，但如果仔細地掀開「關注」的面紗，我們會發現，「關注」真正指向的核心可能是，孩子和「正確」之間的吻合度，孩子是否是「正確」的往往是造成衝突的軸心所在。

一方面，過於關注孩子是否正確；另一方面，太不關注孩子本人的性格、想法、心理活動。只滿足於以刻板的性格觀念定義他，以刻板的培養理念培養他，這就會造成這樣一種情形：對孩子是否「正確」過度執著，恰好是因為對孩子關注點的不均衡。不關注孩子本人，就無法在了解孩子性格心理的基礎上，平衡對「正確」的執著，更無法按照孩子本來的天性培養他。且不論孩子性格如何，都一心想把他裝進刻板的「正確」模式中。

舉一個常見的例子，很多父母之所以為孩子報海量的補習班，是出於人家都上我們也得上的想法。還有人提到了劇場效應，表達自己不得不做出這種選擇的無奈。言簡意賅地說，就像在劇場看劇的時候，前排有人站了起來一樣，會害得坐在後面的人也不得不跟著站起來一樣。看到人家的孩子穿梭於各種補習班，對自己的孩子就有了危機感，所以也不

第十章　怎麼和孩子的「問題」性格相處

能落後，也要跟著去上各種補習班。

在這裡，關鍵的問題不是要不要上補習班，而是在關注和追隨別人做出自己孩子的培養選擇時，有沒有花同樣的關注在孩子本人身上，自己的孩子是什麼樣的性格，什麼樣的學習方式更適合他，怎樣的時間安排對他更見成效。也就是說，在學習他人的方法，按照一般的教育原則行事的時候，有沒有把這種適用於他人的、以普遍性見長的教育理念，按照自己孩子的性格、天賦做選擇，以量體裁衣的方式，像一位高明的工藝人那樣，裁剪和縫製成一件貼合孩子體型的、個性化的服裝。而不是倒過來，拚命拉伸和改變孩子的天性，來適應適用於他人的，或者非個體化的一般性理念。

想要做到這一點，想要準確、細緻地了解孩子的性格、天性，而不是將孩子本人類型化，將對他的培養類型化，就需要用心的關注。

這種細緻入微的關懷肯定會比那些漫不經心瞥一眼就隨意為對象貼上標籤的認知要更合理，能產生更完整的知覺。透過這種全神貫注的、入迷的、聚精會神的認知，我們有望獲得細節豐富的知覺，從而多方面地了解研究的對象。

透過對孩子本人的關注，而不是全神貫注於他和理想孩子、和「正確」之間的差距，我們才能真正了解自己的孩子。透過對他性格細枝末節的了解，而不是他是個內向的孩子，還是個外向的孩子，這樣刻板的區分，我們才能看見他的獨

特,他和別的孩子的不同。

我們要透過關注孩子本人來認知他獨特的個性和包括在獨特個性中的獨特潛力。作為父母,我們才能真正達成私人教練的作用,依照孩子的天性設計出最適合他個性的培養方法,既能保全他的天賦和原貌,同時又能最大限度地發揮出他的潛力,將他個性中的弱點疏導到有利的方向。他不一定會長成我們心目中曾經渴望過的理想孩子,但當他成為最好的自己,我們也許會刮目相看,原來是我們對理想孩子的定義太狹隘了。原來每個孩子盡力向上成長,在自己的內部最大限度地協調和發揮個性潛力的樣子,都會使得我們心中那個想像出來的、刻板的理想孩子變得黯淡。

謝謝你,親愛的孩子,重新整理我對生命的認知!

電子書購買

爽讀 APP

臉書

國家圖書館出版品預行編目資料

心智與性格，兒童青少年心理學：核心特質塑造 × 錯誤教育觀念釐清 ×《木偶奇遇記》解析⋯⋯改變父母的死板認知，請勿急著讓孩子變成「理想的樣子」！/ 高寒 著 .-- 第一版 .--
臺北市：崧燁文化事業有限公司 , 2024.08
面 ； 公分
POD 版
ISBN 978-626-394-692-7(平裝)
1.CST: 親職教育 2.CST: 子女教育 3.CST: 兒童心理學
528.2　　113012064

心智與性格，兒童青少年心理學：核心特質塑造 × 錯誤教育觀念釐清 ×《木偶奇遇記》解析⋯⋯改變父母的死板認知，請勿急著讓孩子變成「理想的樣子」！

作　　　者：高寒
責任編輯：高惠娟
發 行 人：黃振庭
出　版　者：崧燁文化事業有限公司
發　行　者：崧燁文化事業有限公司
E-mail：sonbookservice@gmail.com
粉　絲　頁：https://www.facebook.com/sonbookss/
網　　　址：https://sonbook.net/

地　　　址：台北市中正區重慶南路一段 61 號 8 樓
8F., No.61, Sec. 1, Chongqing S. Rd., Zhongzheng Dist., Taipei City 100, Taiwan
電　　　話：(02) 2370-3310　　傳　　　真：(02) 2388-1990
印　　　刷：京峯數位服務有限公司
律師顧問：廣華律師事務所 張珮琦律師

-版權聲明

本書版權為樂律文化所有授權崧燁文化事業有限公司獨家發行電子書及紙本書。若有其他相關權利及授權需求請與本公司聯繫。
未經書面許可，不得複製、發行。

定　　　價：375 元
發行日期：2024 年 08 月第一版
◎本書以 POD 印製

Design Assets from Freepik.com